多賀の本
1

多賀道と御代参街道

—多賀信仰のひろがり—

多賀町史編纂を考える委員会 編

SUNRISE

目次

はじめに

滋賀県内には「たが」「たが道」など多賀を示す道標が多く遺されています。つまり多賀へ行く道はすべて「多賀道」であり、「多賀への道」は「多賀大社への道」と考えてよく、多くの「多賀道」が存在することになります。

「多賀町史編纂を考える委員会」では、「多賀道」に関した本ができないかという意見が出ました。そこで5人の委員でまとめてみることになりました。

「多賀道」として、大きく5つのルートについて考察しました。中山道からの高宮・大堀・原ルート、愛知川を渡り、旧愛知郡を通る湖東地域ルート、岐阜県からの五僧越えルート、三重県からの鞍掛越えルート、そして御代参街道ルートです。

明治26年頃に陸地測量部が測量した地図をベースにし、道標を辿りながら、その道を「赤線」で示しています。道はその後幾度も改変され、現在も続いています。

これらのルートは部分的に紹介されることはあっても、全体としてとらえられることは、あまりありませんでした。それゆえ難しい面もあり、とりあえず形にしましたが、ご叱責の声が聞こえるようです。ぜひご意見・ご教示をお寄せください。

多くの「多賀道」があることは、多賀大社の長い歴史とその信仰のひろがりを表していると考えられます。

多賀町史編纂を考える委員会

平成三十年三月

多賀道—伊勢道略図

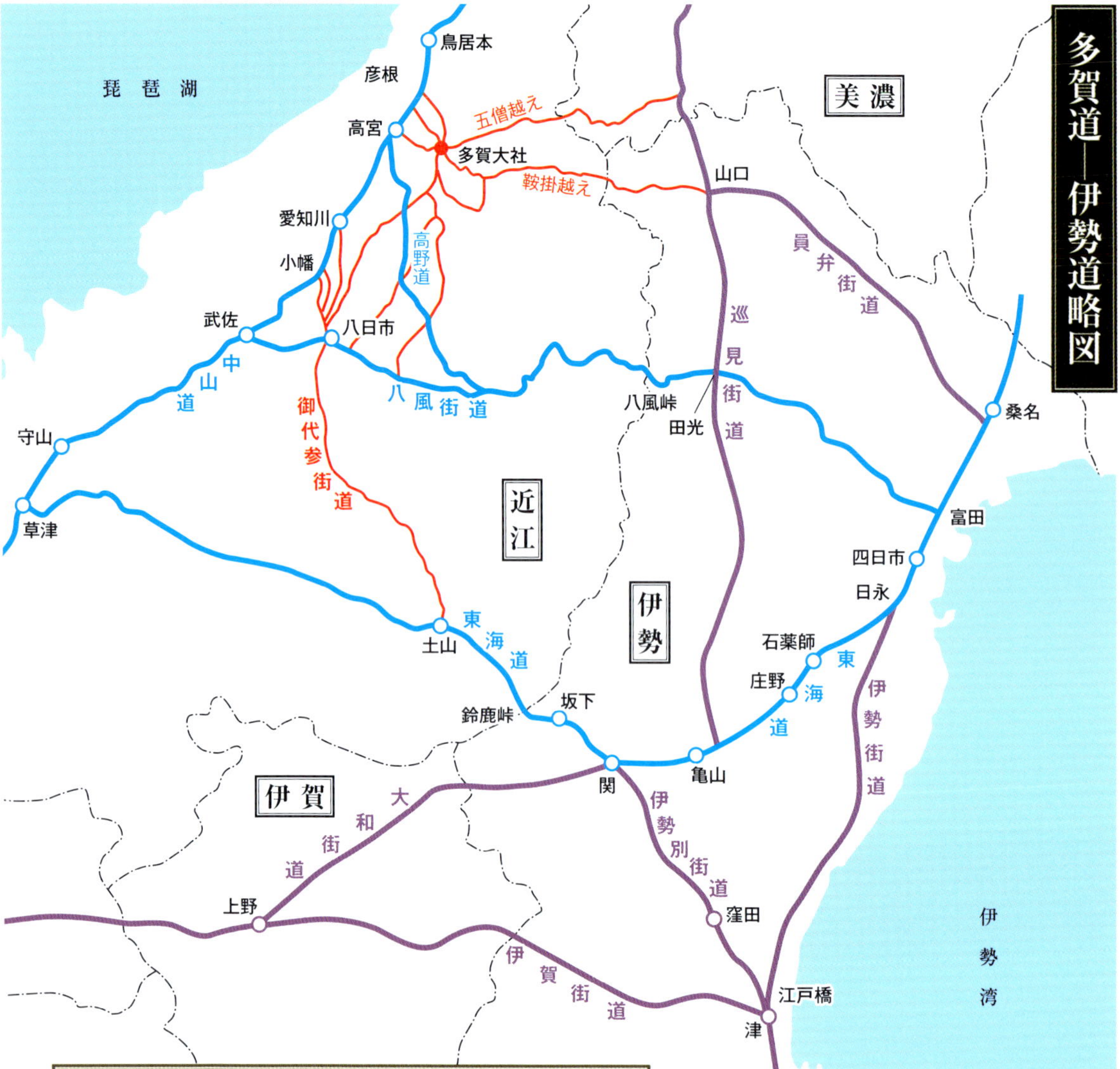

コラム　多賀から伊勢への道

「御代参街道」は、中山道愛知川宿から東海道土山宿までの道であるが、その後、伊勢まではどう行くのであろうか。

原田蔵六著、釣雪子《ちょうせっし》編『淡《おう》海《み》録《ろく》』（元禄2年　1689）の第7巻「海路行程記」には次のような記述がある。

江湖海陸行程　南道
高宮→えち河（越川）→八日市→石原→かいかけ（鎌掛）→土山→坂下→関→くぼ田（窪田）→津城→くもづ（雲津）→松坂→おばた（小俣）→宮川山田（山田）→外宮→内宮
高宮ヨリ内宮迄是参宮道也

それぞれに街道を当てはめると次のようになる。

多賀大社
←多賀本道
高宮
←中山道
愛知川
←御代参街道
土山
←東海道
関・東の追分
←伊勢別街道
津・江戸橋
←伊勢街道
伊勢神宮

1章

中山道からの道

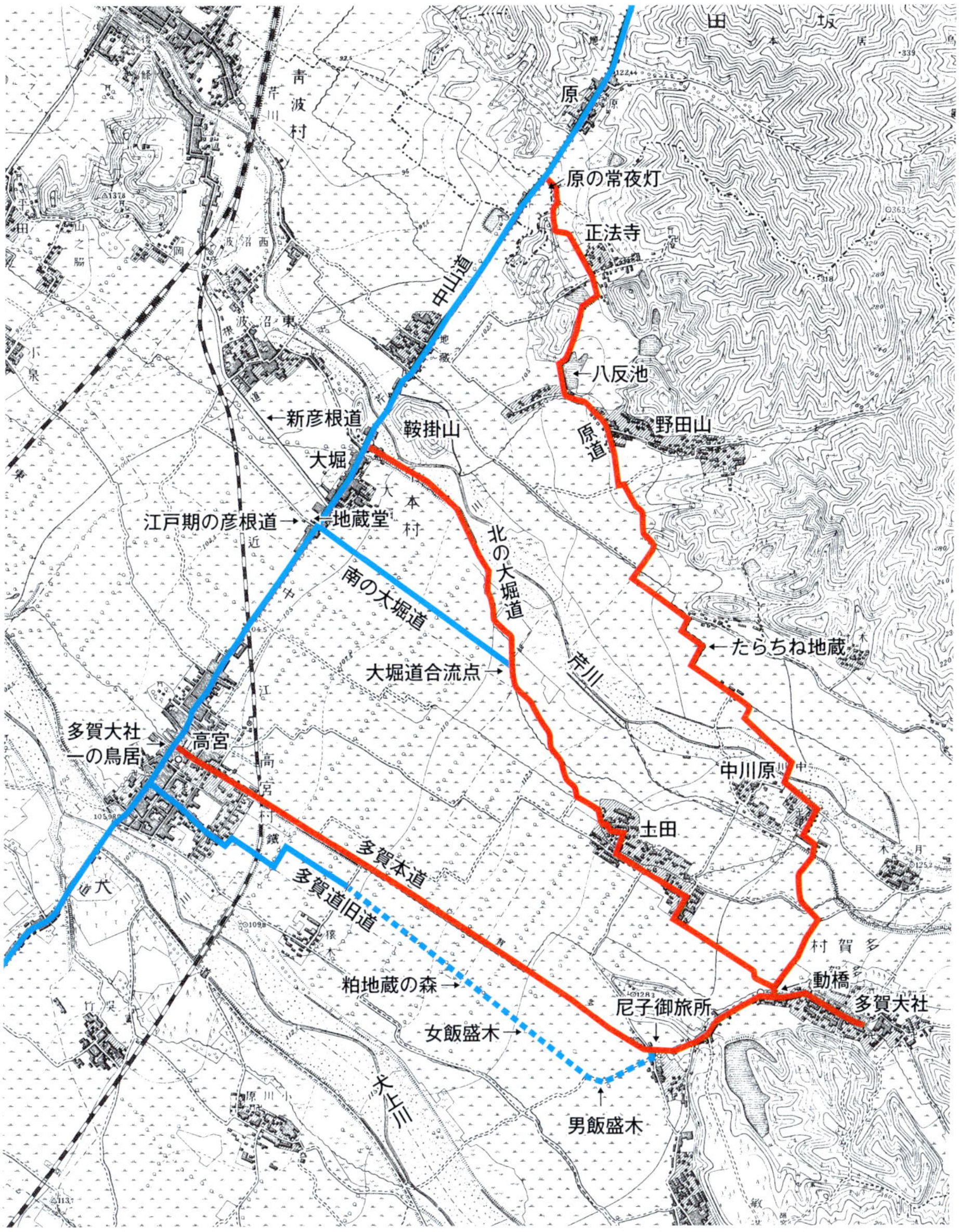

1-1 中山道から多賀への道（明治28年発行／大日本帝国陸地測量部）

　中山道から多賀大社へ行く道は、大きく分けると、3つのルートがある。まず高宮宿からの多賀本道（高宮道）、主に彦根近辺の人が利用する大堀からの大堀道、そして原集落からの原道である。

I　多賀本道（高宮道）

高宮宿

　高宮宿は、古くから犬上郡の中心地の一つとして栄え、すでに中世から宿としての役割を果たしていた。中山道の整備が始まった慶長七年（1602）には本庄宿（埼玉県本庄市）に次ぐ二番目に大きな宿場であった。

　室町時代から高宮布の集散地として豊かな経済力を誇っていた高宮宿の様子は『近江名所図会』の鳥居の下に「多賀社へ三十一丁」と書かれている。

　高宮布とは、湖東地域で生産される極細の麻糸で織った麻布である。江戸時代には彦根藩の保護を受け、また幕府に対する献上物として各方面の贈答用にも利用されてきた。この布の用途は、帷子《かたびら》、裃《かみしも》、袴《はかま》地を主とし、夏の衣料として愛用されたほ

1-2 多賀大社一の鳥居と横に並ぶ道標

1-3 鳥居横の大常夜燈

1-4 嘉永6年（1853）に奉納された簡易常夜燈

1-5 屋根が欠落した簡易常夜燈

か給《あわせ》にも用いられた。江戸時代、当地最大の問屋であった麻布商「布惣」は明治末期まで営業していた。その後、金物屋の店舗として利用されてきた建物の一部を、滋賀県立大学の学生が改修し、現在地域のコミュニティスペース座・楽庵「おとくら」として活用している。

一の鳥居と常夜燈

　高宮から多賀大社への道「多賀本道」が表参道として整備されたのは江戸時代前期である。寛永8年（1631）年徳川秀忠の病気平癒祈願のために春日局の代参が行われ、彦根藩では高宮からの表参道の整備を進めた。それ以前は、脇本陣・高札場から東に入り、高宮寺や中世の高宮城（現高宮小学校）の前を通る道が多賀道旧道として認識されている。

「多賀本道」の起点に建つ明神型の石の大鳥居は、寛永12年（1635）3月に着工され、それ以前は、木造の鳥居があったことが、『慈性日記』に書かれている。

　ここから多賀大社の表玄関ともいえる一の鳥居のそばには「是より多賀みち三十□」と刻んだ道標や、「みちばたに多賀の鳥居の寒さかな　尚白」の俳句の石標、常夜燈などもある。

　石は多賀町四手《しで》の山中から花崗岩を切り出したといわれている。鳥居の高さは約11mあり、直径1・2mの柱が8mほどの間隔で建っている。

　脇に高さ6m、底辺の一辺3・3mの正方形をなす大きな石造りの常夜燈がある。常夜燈には火を灯すための石造りの階段がついている。

高宮から尼子

　かつて高宮の一の鳥居から多賀大社まで簡易常夜燈が1丁毎に続いていた。太田川に沿って進むと数本の常夜燈が残っている。

　右手に太田川、左手に高宮の家並を見ながら進むと近江鉄道の踏切があり、道は2キロほどの直線で多賀へ向かう。明治20年の改修で県道高宮多賀線となり道幅が広げられた。ほどなく東海道新幹線の高架が見えてくる。その手前、道路の左に簡易常夜燈が残っている。そこから大日本スクリーンなどの工場の間を進む

1-8 田んぼの中に目立つ男飯盛木

1-6 麒麟稲荷神社

1-9 高宮から移動した尼子の常夜燈

1-7 元禄2年（1689）の『淡海録』にも見える粕地蔵

と、さらに道路が拡張され整備されている。そのまま直進すると右手にキリンビール滋賀工場が見える。

　キリンビールゲストハウスそばに大きな木が数本残り、麒麟稲荷神社がある。ここは昔、敏満寺小字粕地蔵の森だったところで、工場建設時、地蔵は栗田小路の出口に移動した。尼子の集落に入る手前で犬上川の方向を見ると2本の大木が田んぼの中に見えてくる。

　この木は「お多賀杓子」の縁起として有名な飯盛木《いもろぎ》だ。養老年間（奈良時代）、元正天皇ご病気の時、シデの木で作った杓子を、神供の飯に添えて献上し、めでたくご快癒されたという言い伝えがある。その時の木の子孫が、今も女飯盛木、男飯盛木として残っているといわれている。樹種はシデ（カバノキ科）でなくケヤキ（ニレ科）である。年月を重ねた2本の木は、杉坂山や青龍山を背景に、支柱にささえられながら、立っている。

　天正年間の制作と考えられる「多賀参詣曼荼羅」にも「飯盛木」は登場し、白装束をまとい、丑の刻参りする女性の姿が描かれている。

尼子御旅所

尼子集落に入ると大常夜燈が右手に見え、尼子多賀大社御旅所の広場に到着する。

　この常夜燈は、もとは高宮の鳥居横にあったものと一対であった。

　常夜燈は街道に面する北西側を正面として建っており、中台に掛けられた階段がなくなっている点を除いて、大鳥居横のものとほぼ同形である。

　この常夜燈には移設に際して竿の部分に追刻がされており、文政11年（1828）に建立され、明治2年（1869）に一度修理され、その後明治24年（1891）に現在の場所に移築された経緯がわかる。

　台石と基段の上の2段の側面には再建寄進者名がびっしりと刻まれている。風化や破損のため判読できない部分もあるが、325名の名前がみえ、近江を中心に、岐阜・金沢・江戸・新潟など各地から寄進があり、多賀信仰の広がりを知ることができる。

　尼子御旅所には道路拡張時に移された簡易常夜燈が20数本残っている。これらには「多賀大社常夜燈」

1-12 延命地蔵で有名な桜町地蔵

1-10 多賀大社前駅の大鳥居（今井義明提供）

1-11 大鳥居工事の様子（今井義明提供）

1-13 昭和のひしや角道標 「とりもと」は鳥居本宿のことで、東国への近道を示している（渋谷写真館提供）

「多賀大社御神燈」の文字、「嘉永6年癸丑（１８５３）」の年号や「彦根四十九町組中」「日野町大番町」といった寄進者の名前が刻まれている。

またここは、打籠《うちごめ》の馬場といわれ、多賀大社古例大祭（4月22日）で「富の木渡し」が行われる。「富の木渡し」とは栗栖《くるす》調宮《ととのみや》神社で用意されたカツラの小枝を、宮司が馬頭人《ばとうにん》とお使殿《つかいでん》に渡す、豊饒を祈っての儀式である。

尼子御旅所から桜町

尼子御旅所の東側に多賀大社末社の揖取《かじとり》神社と祖母《そぼ》神社が並んでいる。昔は丘になっていたが、現在は名神高速道路の下になっている。その横に「うちごめの馬場」と刻まれた大きな石碑がある。

ここから名神高速道路のトンネルをくぐり、そのまままっすぐに進む。右手に曲がると多賀サービスエリアがある。左手に進むと近江鉄道多賀大社前駅につながる。

昔ながらの家が並ぶ四谷の集落を進むと松宮書法館の隣空き地に、多賀本道と同じ形の簡易常夜燈が残っている。

すこし行くと駅からの道が左から合流する。その方向を見ると駅からの参詣道の入口に大きな鳥居が建っている。大正4年（１９１４）に多賀・高宮間が開通し、参詣客でにぎわう駅前に、昭和13年（１９３８）、大阪市道修町の薬問屋小西久兵衛夫妻によって、大鳥居が寄進された。

工事の写真は、工事責任者・永曽《えいそ》宇三郎氏の子孫が保存されており、近江鉄道で石が運ばれてきたことや、地下深くに土台が入っている様子などを伺い知ることができる。駅前から多賀大社までの道は現在「絵馬通り」の名称で親しまれている。

多賀本道を10ｍほど進むと左手に桜町延命地蔵尊があり、多賀大社参詣の人も多く立ち寄っていたといわれている。

桜町から多賀大社

数軒の店を過ぎると、糸切餅本家ひしやがある。ここの店角で原や大堀からくる多賀道が合流し、「右とりもと」と刻まれた道標がある。

ひしやから１００ｍほど進むと左に天正年間創建の真如寺（浄土宗）がある。本堂、山門、書院、鐘楼、

1-14 明治19年（1886）に建てられた道標

現在は奥の家が無くなり駐車場になっている。昭和45年７月撮影（渋谷写真館提供）

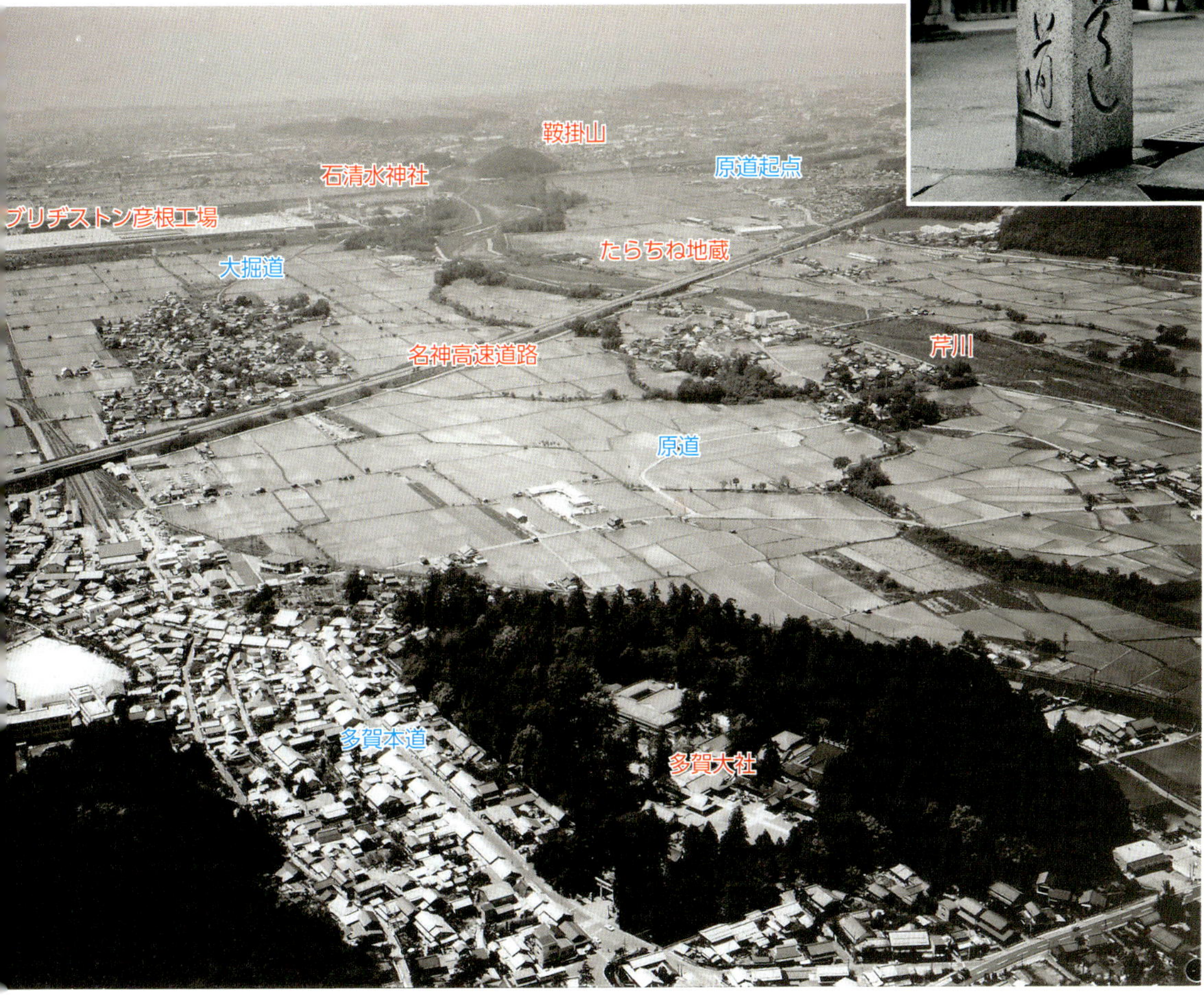

1-15 多賀大社から彦根方面

圃場整備前なので、中川原からの原道が見える。昭和60年７月（渋谷写真館提供）

庫裏は創建来のものとされている。本堂には重要文化財の本尊・木造阿弥陀如来坐像が安置されている。高さ140㎝の像で、もとは多賀大社の本地堂に安置されていたが、明治時代に移された。生前の行いを閻魔大王に裁かれ罰を受ける様子が描かれた「地獄絵図」などの寺宝がある。

真如寺を過ぎると道が大きく右に曲がる。小川長寿堂の横に「左京道／右本社道」の道標がある。

元禄時代から続く料理旅館「かぎ楼」は、純和風の木造3階建てで、かぎ楼の奥に日向神社の鳥居が見える。門前町の町並みを楽しみながら進むと多賀大社の正面鳥居に到着する。

この鳥居は昭和4年蒲生町桜川の出身で北海道函館市に住む宮本武之氏が還暦謝恩で寄進された。

鳥居をくぐると車《くるま》戸《ど》川《かわ》にそり橋がかっている。「太閤橋」とも呼ばれ石造りの立派な橋である。多賀祭り本渡りのお帰りの時、この橋の上で神輿を持ち上げる姿は迫力があり、大きな拍手で迎えられる。

神門をくぐると、立派な拝殿が目の前に広がる。

1-16 享和2年（1802）に名古屋の岡谷惣助が寄進した石清水神社前の常夜燈

1-18 石清水神社

1-17 大堀北の道標
「是より多賀みち」の下が消されている

1-20 判読の難しい土田の道標

1-19 ブリヂストン工場南東の旧道合流点

Ⅱ 大堀道

明治13年（1880）の『滋賀県物産誌』によると大堀には荷車が37両もあり、農閑期には牛4頭が物資輸送に用いられるなど往来はにぎやかだったという。

大堀道とは、正式には「多賀彦根大堀往還道」と呼ばれ、彦根と多賀を結ぶ道で、中山道大堀町からは多賀町土田を通り、多賀大社に辿る。

大堀から土田を通り多賀へ行く道はいくつかあるが、代表的な道は2本考えられる。しかし、昭和43年に約20万坪のブリヂストン彦根工場が建設されたため、道は途中消滅したが、工場を過ぎた地点で2本の道は合流する。

北の大堀道

北の大堀道は石清水神社の前に建つ多賀大社般若院の常夜燈と、中山道を隔てて「是より多賀みち」という道標が、起点であることを教えてくれる。

『近江名所図会』には、「石清水八幡宮　此辺より彦根城下に出る道あり、また右の方に多賀より街道へ出る道あり、東国より参詣の道なり」との記述がある。石清水神社前に、約200年前に建てられた「かどや」という「お休み処」の跡地と井戸が残っている。

石清水神社がある亀甲山の南側の道は彦根の城下町に通じており、彦根藩主の恒例年始参詣や、家老の代参はこの道を通行したようだ。

中山道から旧道を進むと、すぐに芹川の左岸堤防に出るので、そのまま芹川沿いに上流へ進む。ブリヂストン彦根工場敷地が終わったところを右に曲がり200mほどで旧道の形跡が残る。工場横の小川にかかるコンクリートの橋が工場のフェンスで行き止まりになっているのである。

南の大堀道

2本目の大堀道は、中山道にある地蔵堂横の江戸期の彦根道とつながる地点である。

「中山道分間延絵図」にはこの彦根道とつながる場所に「これより多賀みち二拾丁」と記されている。先に見た大堀北の道標と同じ刻銘（但し二拾丁は消されている）である。地

1-21 土田の八幡神社

1-22 八幡神社の常夜燈には奉納者176名の名前が刻まれている

1-23 大川の橋横の道標

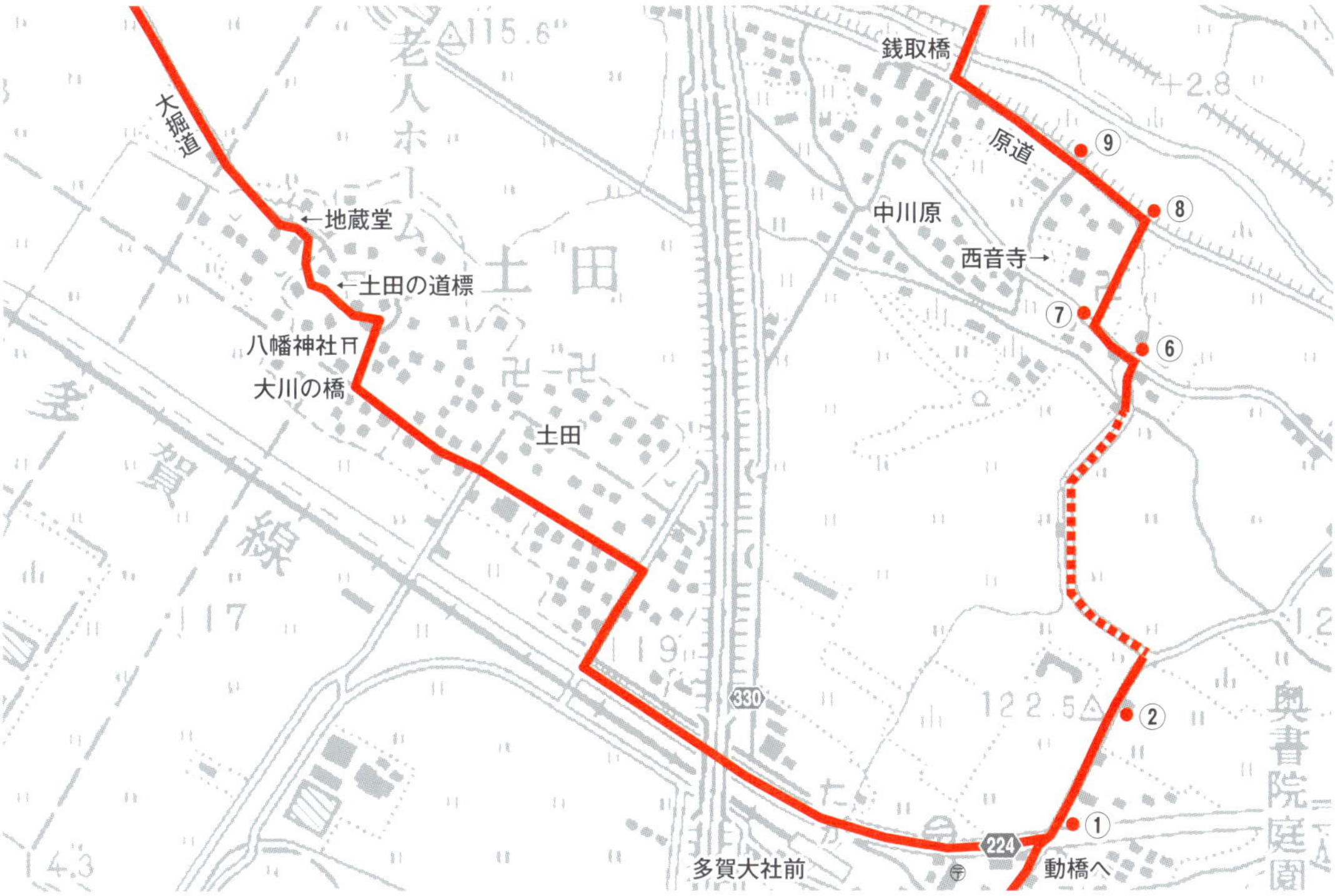

1-24 土田から動橋までの大堀道と芹川を渡ってから動橋までの原道　＊数字は丁石の番号

元では道標が動かされたとの話も聞き、元はここに北の道標があったようだ。

明治27年（1894）に唯称寺の南側に彦根への新道が開通した。これが「新彦根道」でこの道の角に「すく中山道　左彦根」という道標がある。

土田から多賀

工場南東側の道の合流点までくると土田の集落が見える。圃場整備により、旧道の畔道は途切れている。

土田の集落入口に地蔵堂があり、道なりに進むとY字路に「右　多賀大社道」刻まれた古い道標が電柱に支えられ建っている。ここを右手に進むとゆるやかなカーブになっており、1本目の筋を右に曲がると八幡神社の入口に出会う。境内には土田集落の東端にあった常夜燈が移転保存されている。明治8年（1875）の建立で、基礎には勢州とある。

ほどなく村の中を流れる大川の橋があり、橋のたもとに、「右飛《ひ》古《こ》祢《ね》　左多可み屋」と書かれた道標がある。橋を渡って左手にまっすぐの道が続く。突き当りのT字路を右折、

1-25 昭和38年２月の写真で原道を歩く人が見える。左右の道が中山道。写真中央右に新幹線の橋桁が建てられている。原道起点右に常夜燈、左の石柱は丁石だろうか（渋谷写真館提供）

1-26 常夜燈の右手に新道（国道306号）が付けられ、その奥に新幹線が見える。常夜燈倒壊前の写真で正面に「多賀大社」とあるのが正しい。昭和48年7月撮影（渋谷写真館提供）

1-27 常夜燈願書部分
慶応元年（1865）中川原村の野村善七が設置場所の図を書いて建立を願い出た（野村善一文書）

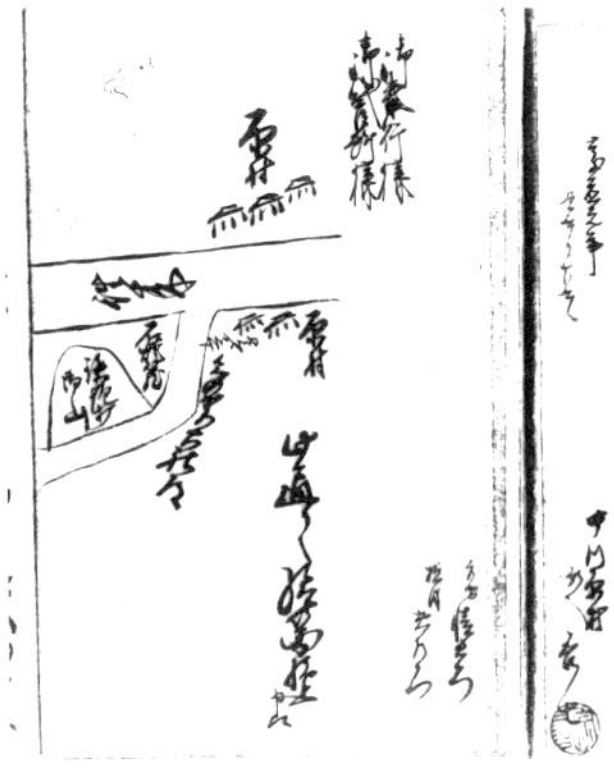

224号沿いに進み、動橋《いぶりばし》のたもとで原からの多賀道と合流する。

Ⅲ　原道

原道は、中山道の鳥居本宿から高宮宿の間にある原集落から入る道で、裏参道とも呼ばれていた。中山道を東から来た旅人が、途中多賀大社へ行くには、最短の道である。

原の常夜燈

国道306号「正法寺町」交差点の少し北に大きな常夜燈が建っている。

この常夜燈は、慶応3年（1867）に建てられ、事前に奉行所へ提出した願書も残されている。ところが昭和49年1月、周辺の開発により常夜燈は倒壊、善七の曾孫・野村善一が同年5月に再建した。その際、竿の向きが変わったようである。

常夜燈の脇には「是より多賀ちかみち」、「多賀大社」・「廿八丁」等、周辺の道標がここにまとめられている。

原から正法寺

天保13年（1843）に大垣延命

1-28 赤田川に架かる石橋とたらちね地蔵

昭和40年頃の写真（渋谷写真館提供）

1-29 たらちね地蔵の前に残されている石橋は一説によれば鞍掛山の古墳の蓋だったという。

1-30 工業団地が出来る前の十五丁石

平成25年の工事の後、元の位置に戻された。（渋谷写真館提供）

1-31 十三丁石

元は少し先の辻に建っていた

1-32 中山道から移された西音寺道への道標

1-33 痛々しい六丁石

講の有志が多賀大社への丁石を寄進し、現在原道に十九基が残っている。　確認できる最も大きい数は「廿九丁」で、以前この丁石を見つけた位置から推測すると、全部で三十丁あったのではないだろうか。

　残念ながら正法寺町の集落から畦道を辿って野田山町との境、或いは国道306号を横切り八反池側の道を歩いても丁石は現存しない。

野田山から中川原

　取りあえず次の集落・野田山へ向かう。国道306号「野田山町北」の信号を左折し、早川沿いに歩くと、交叉点に石橋地蔵堂がある。以前は右手に「廿三丁」の道標があったが、現在は少し先にある。さらに南下すると「廿二丁」、次に「多賀大社江二十丁」と「右　多賀大社道　左とりゐ本道」の道標があらわれる。何故かこの丁石のみ、裏面に「一柳弥左衛門」と彫られている。

　国道306号を横切ってバイク屋の横の道を進む。昭和51年から整備された中川原・野田山工業団地ですっかり景色が変わっているが、小川（赤田川）に沿って細い道を進むと「たらちね地蔵」がある。地元では「ちち地蔵」と呼ばれ、乳が出るようにとお参りした地蔵で、祠が建てられ、地元の住職が「たらちね」と命名したと言われている。

　さらに進むと「十六丁」、「十五丁」石があり、名神高速道路のガードをくぐり、東へ直進すると中川原の出屋敷地区、家の横に「十四丁」がある。「十三丁」のある交差点には、「山田神社道　是ヨリ三丁」と刻した道標がある。この交差点から北へ400m程先の、山の中腹に多賀大社の境外摂社、山田神社がある。今も4月、12月等の例祭日には多賀の神職が奉仕されているとのことだ。

「十二丁」石を見て、芹川にかかる銭取橋を渡ると中川原の東出地区に入る。かつて村人が橋の修理費を補うために、通行人より〝渡り賃〟を徴収したため、銭取橋の名がついたと言われている。

　芹川の堤防沿いに「九丁」、「八丁」石があり、「九丁」石は、新しく作り替えられている。

「八丁」の道標の前を下ると西音寺がある。境内にはかつて中山道鞍掛山（大堀山）にあった「親鸞聖人御

1-35 多賀大社北口
右は寛政元年（1789）勢州の西村氏が建立、左は10頁の常夜燈と同じく岡谷氏が享和２年（1802）に建立した

1-34 ささゆり保育園前の二丁石

1-36 野田山から中川原までの原道　＊数字は丁石の番号

腰石西音寺道　二十丁」の道標が移されている。この道標がかつて置かれていた鞍掛山（大堀山）からたらちね地蔵を通り久徳に向かう道は通称「はた（畑）道」や「ハト道」と呼ばれ、多賀の芹谷地区の人々が彦根へ往来する道でもあった。

西音寺の角地に「七丁」石があるのでここを左折する。

中川原から多賀

「六丁」の道標は元は南西角にあったものが移動されているが、ここを右へ曲がると、明治・大正の教育者であった新楽《しがく》万次郎の碑がある。前方が開け正面に多賀大社の森が見える。

平成13年、圃場整備で旧道は消え、丁石の一部は多賀町文化財センターに保管されている。「二丁」「一丁」石は「ささゆり保育園」の東側に旧道が拡幅され、残っている。

県道224号の信号を渡り、直進すると太田川の動橋のたもとで中山道の大堀から来る多賀道と合流する。

平成10年頃までは、尾陽と勢州の住人が寄進した2基の「永代常夜燈」が橋の両脇にあったが、現在は多賀大社の北口へ移転している。

動橋を渡り少し進むと高宮から来る本道と糸切餅本家「ひしや」の角で合流する。

原道丁石一覧

丁石	所在地	現況	現　　在	寄進者	近くの道標（備考）	本文写真
一丁	多賀	○		久世治郎兵衛		
二丁	多賀	○		久世治郎兵衛		1-34
三丁	月之木	○	多賀町立文化財センター	久世治郎兵衛		
四丁	月之木	△	多賀町立文化財センター	久世治郎兵衛		
五丁	月之木	×		（久世治郎兵衛）		
六丁	月之木	○		久世治郎兵衛	「左とりい本ミち／右たか大社みち」	1-33
七丁	中川原	○		久世治郎兵衛	「西音寺道 二十丁」	
八丁	中川原	○		久世治郎兵衛		
九丁	中川原	□		（久世治郎兵衛）	（新調後は正面のみ）	
十丁	中川原	×				
十一丁	中川原	×				
十二丁	中川原	○		久世百弥		
十三丁	中川原	○		上田十右衛門	「山田神社道　是ヨリ三丁」	1-31
十四丁	中川原	○		久世文兵衛		
十五丁	中川原	○		久世作兵衛		1-30
十六丁	中川原	○		上田源蔵		
十七丁	中川原	×		（上田十右衛門）		
十八丁	野田山	×				
十九丁	野田山	×				
二十丁	野田山	○		近藤九［　］ 裏面「一柳弥左衛門」	「左とりゐ本道／右多賀大社道」	
廿一丁	野田山	○	すがの園	（判読不明）		
廿二丁	野田山	○		坂庄左衛門		
廿三丁	野田山	○		沢彦助	R306に「左金比羅大権現多賀道」	
廿四丁	正法寺	×				
廿五丁	正法寺	×				
廿六丁	正法寺	×				
廿七丁	正法寺	×				
廿八丁	正法寺？	△	原の起点			
廿九丁	正法寺	△	旧業務スーパー裏			
三十丁	原？	？			「是より多賀ちかみち」等	

○現存　△残欠　□新調　×不明　　　作成　門脇正人

2-2 小篠原の朝鮮人街道との分岐点
右が中山道、左が朝鮮人街道

2-1 草津追分道標
東海道と中山道が合流する

2-3 蓮照寺に移された道標
もとは2-2の分岐点に建っていた

2章

湖東地域から多賀への3ルート

京や草津方面から、中山道を通って多賀へ詣でる人が多くいた。

草津で東海道と中山道が合流するが、そこに「右東海道いせみち／左中山道美のじ」と刻まれた常夜燈型の道標が建つ。

ところが、以前はこの分岐点に別の道標が建っていた。現在は南約600mにある立木神社に移されているが、それには「みぎハたうかいとういせミ(ち)／ひだりは中せんたうをた加みち」などと彫られている。「たが」という地名ではなく「をた加」と表していて、多賀大社を指していると思われる。延宝8年(1680)に建てられたもので、県下では年号が判るものとしては最古の道標である。

また、野洲市小篠原で中山道と朝鮮人街道が分岐するが、ここに「右中山道　た(が)　北(国)／左八まんミ(ち)」(享保4年　1719)の道標が建っていた。これは太田南畝の「壬戌《じんじゅつ》紀行」(1802)にも記述がある。

現在は行畑の蓮照寺に移され保存されている。

このように中山道の重要な分岐点に建つ道標に「多賀」が表記されていることは、多賀に参る人々が多くいたことを示している。

◇

旧愛知郡各地や八日市、日野からも多くの人々が多賀参りをした。これらの人々は、中山道や御代参街道の主要道よりも、間道を通り近道をした。

旧神崎郡と旧愛知郡の間には「愛《え》知川《ちがわ》」という大きな川が流れているが、この章では愛知川に架かる八千代橋、御河辺《みかべ》橋、春日橋付近を渡り、多賀へ行く3つのルートを紹介する。

◇

なお、この3ルートに一部重なりながら交差する「高野道《たかのみち》」について簡単に説明しておきたい。

東近江市永源寺高野町にある永源寺は、臨済宗永源寺派の本山である。彦根藩主4代井伊直興《なおおき》は享保2年(1717)4月20日逝去したが、永源寺の南嶺慧詢《なんれいえじゅん》に深く帰依してお

2-5 八千代橋

小田苅と建部北を結ぶ

2-7 極楽橋

多賀道は極楽橋を渡る

2-6 山王神社

前を通って「河辺いきものの森」に入る

2-8 南清水神明社に移された道標

り、遺言により永源寺に葬られた。享保4年（1719）、7代直惟《なおのぶ》がはじめて直興廟に参詣してからは毎年藩主が永源寺を訪れるようになり、藩主が不都合な場合は代参が行われた。

彦根藩主が高野の永源寺へ参詣した道を一般に「高野道」と呼んでいる。

I　八千代橋ルート

この節では、東近江市建部北町から八千代橋付近を渡り、旧湖東町、愛荘町を通り、豊郷町雨降野に入るルートを進む。

北・小田苅・清水

明治時代の古地図を見ると、建部北の集落には2本の大きな道が通っている。1本は今の八千代橋から小田苅に行く道である。

もう1本は山王神社の前を通る道で、これが多賀へ行く道と考えられる。道沿いに吉祥院があるが、その前の民家の石垣に1m足らずの自然石の道標がある。「いせみちみぎへ」と彫ってある。この道は古く「市道」と呼ばれていた。

集落を離れ、山王神社の前を通り、林の中に入る。この河辺林は現在「河辺いきものの森」として環境学習や体験学習の場として活用されている。

林の中頃に「くさはら広場」への案内があるが、その下に自然石の「左ゑ知川」という道標がある。もとは、集落内にあったようである。

現在、この道は愛知川の土手付近で消えている。

以前は愛知川を渡り、現在の「アヤハ」の中を通り小田苅の極楽橋あたりにつながっていた。

その後県道を越え、旧湖東町南清水に入る。神明社の前を通り北に折れ、集落の中を通って北清水に続く。神明社には「右　彦根ゑち川道　左京八幡道」と刻まれた道標が移設保存されている。

なお、極楽橋の交差点を真っ直ぐ行かずに北に折れ、県道を進むと愛知川に通じている。実はこの道は、中山道愛知川宿の「小松屋」の横から東に入り、不飲川の源（不飲井）を通り極楽橋に続いている「御代参街道愛知川ルート」である。（p62参照）

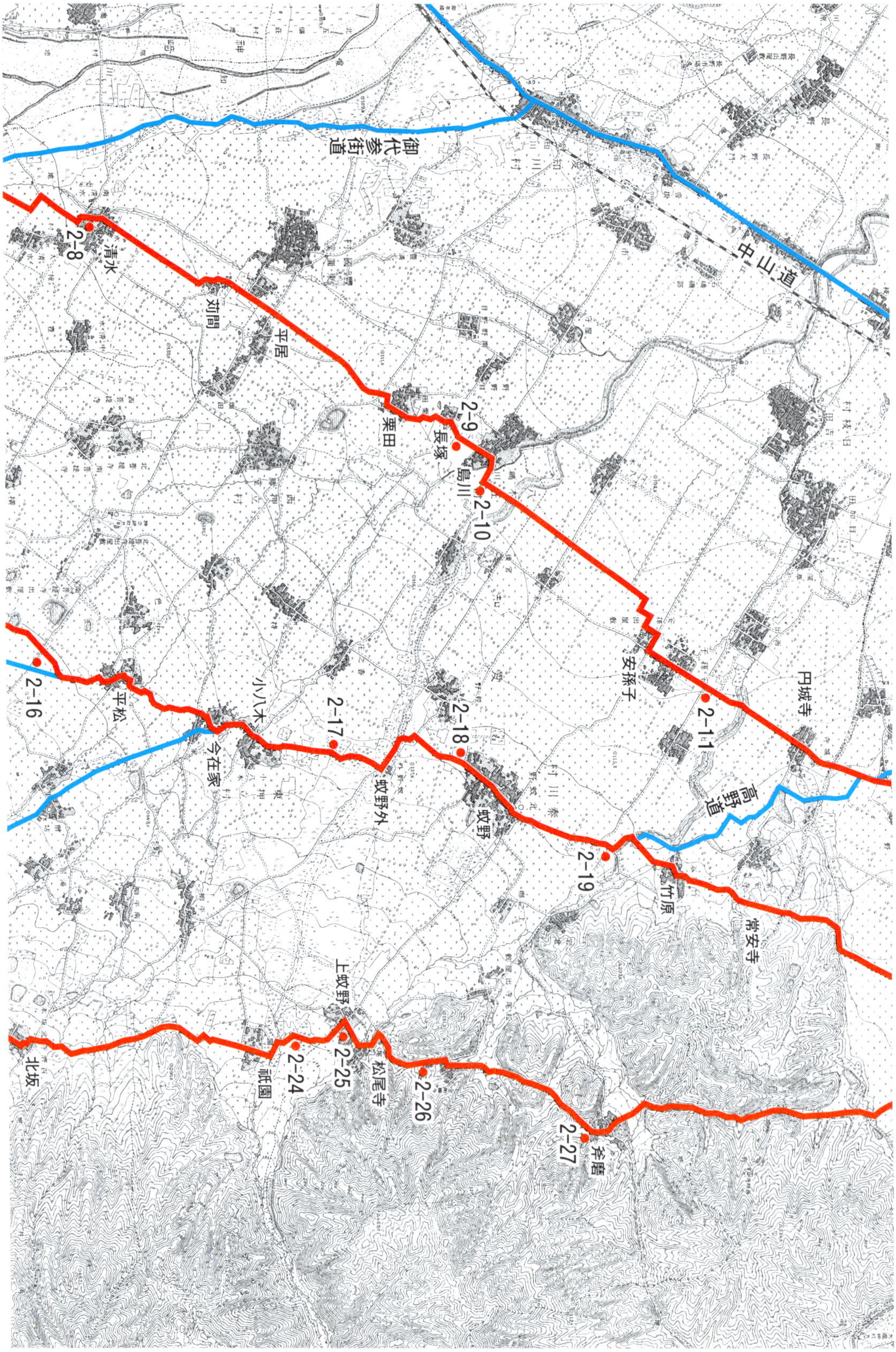
御代参街道
中山道
2-8
清水
苅間
平居
2-9
長塚
栗田
島川
2-10
安孫子
2-11
円城寺
高野道
2-16
平松
小八木
今在家
2-17
2-18
蚊野外
蚊野
2-19
竹原
常安寺
上蚊野
北坂
2-24
祇園
2-25
松尾寺
2-26
2-27
斧磨

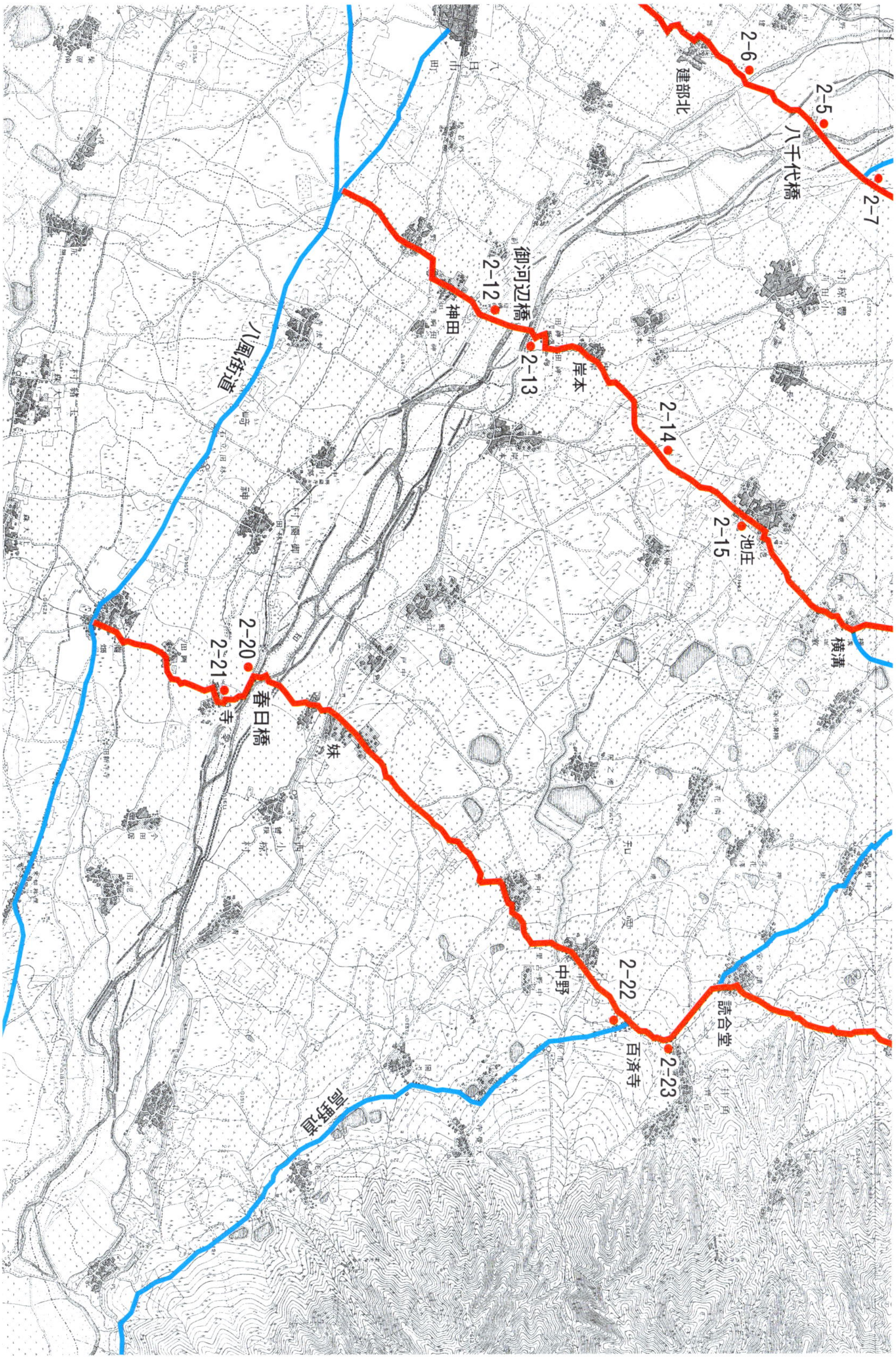

2-4 湖東から多賀への３ルート（明治28年発行　大日本帝国陸地測量部）

2-9 島川の道標

右へ行くのが多賀道。野道となっている

2-10 島川 たがみち

道玄寺橋を渡ったつきあたりにある

2-11 安孫子から東出へ

古川ASの西を通る

苅間・平居

北清水を真っ直ぐ北に進むと愛荘町苅間に入る。旧道は集落の西側を通って平居に入る。東円堂との境界を進み、旧JA東びわこ豊国支店の東を通り県道目加田・湖東線に出て北に進む。旧中村医院の前を通り栗田に向かう。

なお、このあたりには愛知郡統一条里と呼ばれる条里地割が多く見られるが、畑田の東部から平居の南部にかけてはそれより古い古条里（南北条里）が見られる。これは、愛知川から灌漑用水を引いてくる愛知井《えちゆ》の方向と一致している。愛知井の開削には依知秦《えちはた》氏が関わっていると考えられている。

栗田・長塚・島川

栗田に入る道は新道になっていて、旧道とは一部切れている。町道愛知川栗田線を越え、集落内に入る。右、左と折れ、本善寺の東を通る。一部廃道になっているが、長塚を通り、島川に入る。

道標「右たがみち　左ひこ祢道」のところで道は2つに分かれる。右へ行くと野道となり、秦荘西小学校のプールの東側を通る。畑の中を北に進み、小川理容院の西側を通り県道を横切る。

道玄寺の東側を通り、南川の道玄寺橋を渡り東進すると突き当たりに「左　たがみち」と書かれた道標があるが、そこを左折し北進する。

このあたりの道は、中山道の沓掛から旧湖東町小八木で高野道と接続する「高野街道」と一部重なる。

宇曽川を渡るが、橋には「多賀橋」と書かれている。

北八木・安孫子・円城寺

「測量部地図」では、島川から北八木に入る道は破線で描かれているが、そのあと途切れている。

旧道はまっすぐ進み、安孫子に入って右折、左折を繰り返し、安孫子の集落の真ん中を北進する。

最初に右折した道は、現在の名神国八線（秦荘中学校横〜吉田への道）に相当し、次に左折した道は主要地方道彦根・八日市・甲西線に相当すると考えられる。安孫子から東出に入る。古河ASの西を通り、岩倉川を越えると円城寺である。

2-12 御河辺橋
右が神田、左が小神田

2-14 下岸本地蔵型道標
旧湖東町、旧愛東町には地蔵型道標が多い

2-13 小神田地蔵堂前の道標
隣に地蔵型道標がある

2-15 大森道
右へ行くのが古道

Ⅱ　御河辺橋ルート

この節では、東近江市神田（じんでん）から御河辺橋付近を渡り、旧湖東町、愛荘町を通り、甲良町池寺に入るルートを進む。

神田・中岸本・下岸本

東近江市神田は愛知川岸に位置している。左岸（川の南）に本郷があり、右岸に小神田《こじんでん》がある。

愛知川の左岸に御河辺《みかべ》神社が鎮座する。その前を通り、御河辺橋を渡るが、以前は少し下《しも》で渡っていた。

愛知川右岸の土手に地蔵堂があるが、その辺りに渡っていたようである。

その地蔵堂の前に「右ゑ知可ハ　左八日市　道」と刻まれた自然石の道標と「右高野　左たが」と刻まれた地蔵型の道標がある。そこから土手を降り、小神田の集落に入る。

中岸本（東近江市）では、県道は集落の東側を通っている。「測量部地図」によれば集落の中を通っており、蓮生寺や公民館の前を通って、県道に出ている。

このあたりから道はまっすぐに改修された。当時は林の中の道で、昭和10年代に改修されたと考えられる。県道目加田湖東線と交わる北西角（下岸本）に「右たが　左ゑち川」「右池之庄　左ゑち川」と刻まれた地蔵型の道標がある。なお、地蔵型の道標は、旧湖東町・旧愛東町（東近江市）に多い。このあたりはナショナル関係の建物が目立つ。

池庄

池庄に入ると道は2つに分かれる。右は新しいバイパス。左にとるのが旧道。旧道を行くと右側（東側）に地蔵がある。「右八日市　左梅林」と彫られている。

次の四辻で右（北東）に入る細い道が残っている。公園で途切れているが公民館の裏を通る道で、これはもう一つ古い道ではないかと考えられる。そのまま進むと、豊国神社（厄除八幡宮）のところで旧道と合流する。

この古道のことを地元では「大森道」と呼ぶようである。池庄は山形藩最上氏領であった。旧八日市市大森町に大森陣屋があったが、そこから殿様が来ることからの名前であろ

2-16 平松地蔵型道標
平松南交差点下に建つ

2-18 蚊野　南の道標
蚊野の南と北に青年団が建てた

2-17 香之庄の道標
平成20年6月に土の中から掘り出された

2-19 黒橋
橋を渡り、高野道と多賀道に分かれる

う。

横溝・大沢・平松

旧道は池庄から横溝（横溝出屋敷）に入る。県道を越える交差点北東角（湖東診療所）に「すぐた可　右た可の　左おばた」と刻まれた地蔵型道標がある。集落の中に入ると「右多ガ　左ヱチ川」がある（地蔵型道標）。

旧道はここから北東に進み、大沢を通り平松につながっているが、「測量部地図」にはこの部分が描かれていない。それ以前の古道は、道標の所で北に進み平松に通じていたと考えている。県道「平松南」交差点北西角に「すぐた可　右百済寺　左ゑち川」の地蔵型道標があるが、以前はもう少し西にあったとも言われている。

今在家・香之庄・蚊野

平松から今在家への道は、今は真直ぐになっている。今在家の集落に入り、高野道と合流し、しばらく重複して北進する。

旧道は再び県道を西に離れ来迎寺の横を通り南川を渡りまた県道に出る。真っ直ぐな県道になったのは昭和10年以降ということである。

小八木と香之庄の境界を通り香之庄領に入る。香之庄集落に続く道との分岐点に「右香之庄　左永源寺道」という道標が地蔵の隣に建つ。

蚊野外に入り宇曽川を渡る。渡って左折するが、そのあと、軽野領に入り、蚊野に向かう。

蚊野は旧秦川村の中心であった。

集落の南と北に、蚊野青年団が昭和3年の御大典記念に2本の道標を建てている。ともに「多賀」「高野」の文字が刻まれており、この道が「多賀道」「高野道」であることを示している。

岩倉・竹原・常安寺

「多賀道」は、堅井之大宮の前を通り、竹原に入る。道は旧岩倉川に沿って左にカーブしている。現在は岩倉川がつけ変わっているが、黒橋までの道は現存している。

黒橋を渡ったあと、高野道（左）と分かれ、多賀道は竹原集落内に入り、正福寺の横を通る。

このあと常安寺の山（九条野）を越え、犬上郡へ入る。

2-20 春日橋

左が妹、右が寺

2-21 寺の道標

2-22 百済寺口の道標

2-23 読合堂入口の道標

Ⅲ　春日橋ルート

この節では、東近江市寺町から春日橋付近を渡り、旧愛東町、旧湖東町、愛荘町を通り、甲良町池寺に入るルートを進む。

妹・中野・百済寺

東近江市寺と妹《いもと》の間は「愛知川」にかかる春日橋で結ばれている。寺の集落内の旧道三差路には「右多賀　彦根　左八日市　道」と刻まれた道標がある。

現在、妹には国道307号が通っているが、「妹北」信号で左にカーブする。この付近に道の駅「マーガレットステーション」がある。

信号を真直ぐ進み、愛東中学と「滋賀県平和祈念館」の間を通り下中野に向かう。

さらに進むと、バス停「百済寺口」があり、三差路になっている。南の角に「南八日市西ゑち川　東永源寺　北彦根」の道標がある。

ここで東からの「高野道」と合流し、読合堂までは「高野道」と重複して進む。

読合堂・北坂

読合堂の入口に道標「右永源寺　左百済寺　道」がある。

「高野道」を東に進むとき、右が永源寺、左が百済寺であることを示している。

真直ぐ進むバイパスも出来ているが、道は読合堂の集落に向かう。旧道はくねくねしていて、その痕跡も残っている。

名神高速道路をくぐり、右手に入るのが旧道で、北坂に続いている。

旧道を行かずに真直ぐ進むと、「右北阪左ゑち川道」「左永源寺」と表裏に書かれた道標が建っているが、多分旧道にあったものと考えられる。詳しい分析は、「『年中行事記』にみる高野道の道標」(門脇正人)を参照。バイパスを越えれば北坂(北坂本)。東に近江温泉病院を見て、北坂の集落内を進む。

左折、右折をそれぞれ2回繰り返し、百済寺への道(旧参道)を横断して北へ向かう。

その角に「右たが道」と記された小さな道標があったが、現在は少し東に移っている。

2-24 上蚊野の古墳公園
10基が保存されている

2-25 上蚊野中央道標
自然石の道標

2-26 金剛輪寺総門

2-27 斧磨自然石の道標
モニュメントのつつじの中にある

平柳・祇園

北坂から平柳・祇園にかけて北に進むが、ここは新しい道が出来ていて、旧道はほとんど判らない。一部は「クレフィール湖東」の敷地内に取り込まれている。

祇園では、集落の中央を南北に道が通っている。祇園は平柳領内であったが、江戸時代に開墾され開村した。

上蚊野・松尾寺・斧磨

宇曽川を渡る。この付近には川に沿うように300を超える古墳群が広がっていた。6世紀から7世紀にかけて、湖東地方を開発した依智秦《えちはた》氏との関連が考えられる。上蚊野に残った古墳が「依智秦氏の里古墳公園」として整備されている。

上蚊野の八幡神社の前を通り、次の四辻を右折する。その北の角に「左はくさいし高の／右た可いけ寺」と書かれた自然石の道標がある。

松尾寺に入り大行社の横を通り、名神高速道路をくぐると金剛輪寺の山門前に出る。このあたりは道が変わっていると考えられる。

金剛輪寺は、湖東三山（百済寺・金剛輪寺・西明寺）の真ん中の寺として知られ、紅葉の名所としても有名である。聖武天皇の勅願で行基により天平時代に開創された。天平9年（737）とも13年とも伝わる。本尊は、行基が彫ったと伝わる聖観世音菩薩である。隣に愛荘町立歴史文化博物館がある。

少し行くと右に（北に）入る道があり、斧磨《よきとぎ》に抜ける。その角に「直ク　金剛輪寺へ二町半／右　斧磨多賀道」の道標がある。

天神社の横を通り、大谷川を越えれば、斧磨。八幡神社を越えたところで北西への道と北への道に分かれるが、その角に「左　た加」の自然石の道標があった。今はモニュメントのつつじの中に隠れている。

現在は北西の道を進み、名神高速道路をくぐり国道307号に出るが、旧道は神社の縁を北に行き、西に進んでいた。斧磨の雨乞い祈願の明神踊りは有名である。

307号に出てからは、ほぼ以前の道を踏襲しながら甲良町池寺に続く。一部には旧道の痕跡が残っている。

2-30 円如寺手前の旧道（右）

2-31 大門池

奈良時代の水沼池と考えられる

2-29 池寺の道標

多賀大社、西明寺を示す

2-28 北落道標

日吉神社御旅所に移設されている

Ⅳ　犬上郡に入って

雨降野・北落（八千代橋ルート）

円城寺（愛荘町）を越え雨降野に入る。雨降野では高野道と一部重複しながら交差する。長寺の西を通る。横関では、八幡神社・証得寺の前を通るが、集落を出てから北落までのくねくねした道は消えている。

新道で北落に入り、集落の南部を東に進む。

国道307号に出る手前に日吉神社御旅所がある。そこに「右多賀　左彦根　道」と書かれた自然石の道標が建っている。この道標は307号を東に越えた旧道にあったもの。金屋からの道と合流する。

池寺（御河辺橋ルート）

竹原（愛荘町）から北に進み、常安寺領の山（九条野）を越えると犬上郡。長寺領を通り、池寺に入る。集落入り口に「すぐ多賀神社道　薬師如来西明寺十五丁　并見真大師自作之像」という明治11年の道標が建つ。

池寺・金屋（春日橋ルート）

斧磨（愛荘町）の集落を抜け国道307号に出、犬上郡池寺に入る。右手に湖東三山の一つ西明寺がある。307号に沿って北に進む。しばらく行くと円如寺があるがその手前で道は左右に分かれる。右（東）が旧道。左が307号。「薬師如来西明寺六」という丁石がある。

しばらくして、307号を横切り池寺の集落に入る。集落内に西明寺への丁石が何本かある。また、平成12年には、簡易常夜燈型の丁石が六丁から十五丁まで建てられた。

新しい丁石「西明寺へ十三丁」の建つところを右折し北に進む。御河辺橋ルートと合流して、307号を横切り、金屋へ。集落内を屈曲しながら進む。集落を抜けるとあとは道が消えているが、旧道は八千代橋ルートと合流する。

墓地があるが、その横を通り犬上川を渡る。307号に架かる現在の福寿橋より上を渡っていた。

敏満寺・大尼子

犬上川を渡れば、敏満寺である。国道307号に沿って大門池の前

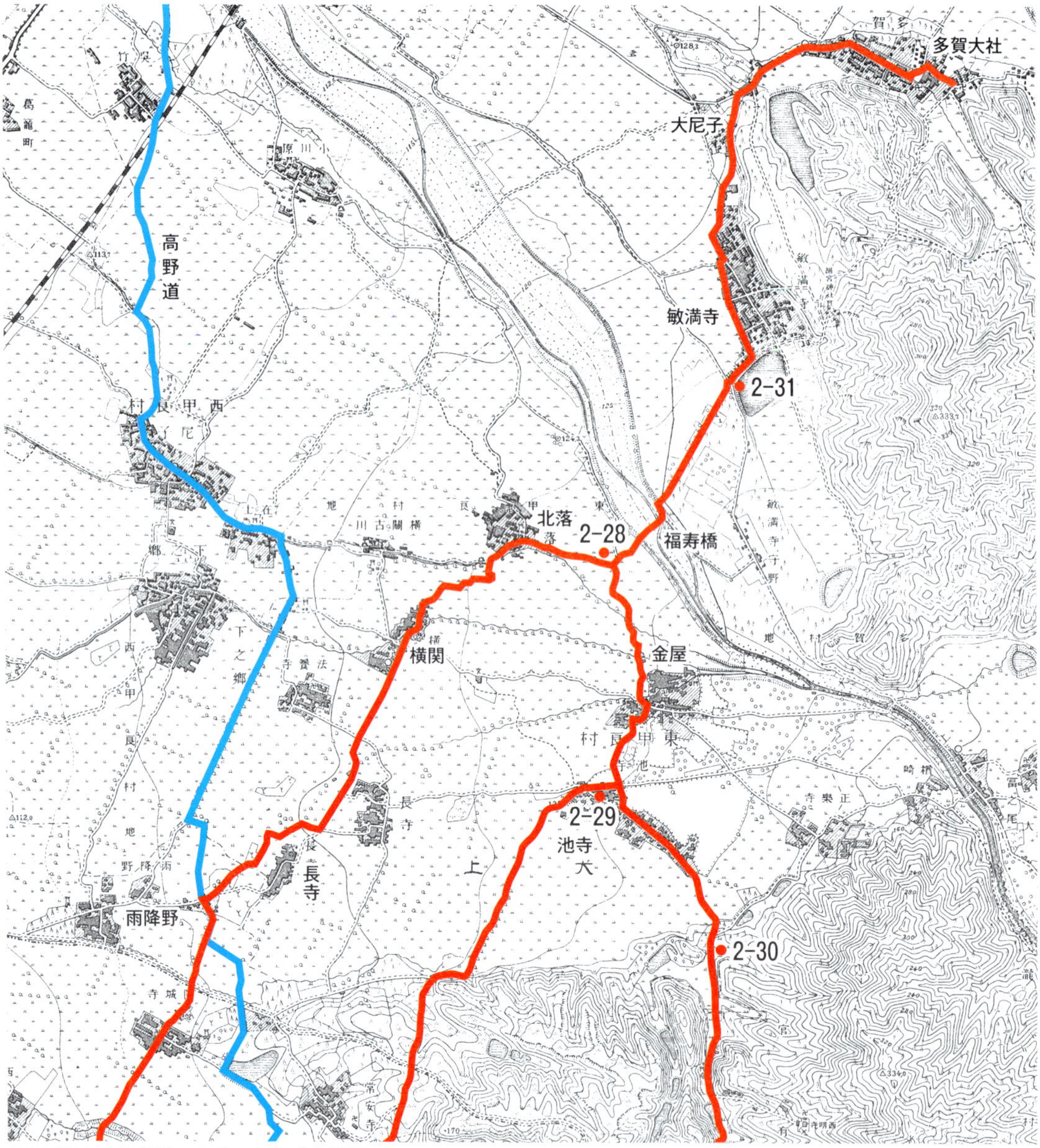

2-32 湖東から多賀への３ルート犬上地域（明治28年発行　大日本帝国測量部）

を通る。大門池は、天平勝宝3年（751）の「近江国水沼村墾田地図」（正倉院蔵）に描かれた水沼《みぬま》池と考えられている。

川相《かわない》からの道との合流点に「右古のみやへ二丁　多賀道八丁」の道標があった。現在は敏満寺公民館前に移されている。胡宮神社と多賀神社を示している。

３０７号から敏満寺の集落に入るが、信号のついている道ではなく、一本南の道を西に入る。現在は、３０７号からは降りられない。

しばらく行くと、信号からの道と出会う。その南西角に胡宮神社御旅所があるが、そこに「胡宮お旅所　右川相　左本社へ三丁」と刻まれた自然石の道標がある。本社は胡宮神社を指すと考えられる。

御旅所を左折して、大尼子の集落を通り、打籠《うちごめ》馬場に出て、高宮からの多賀道と合流する。

なお、大尼子の誓還寺の前に2本の道標がある。「右高みやとりもとひこねみち　左ゑちがわみち」「右とりもとひこねみち　左高宮ミち」の2本で、元の場所は不詳である。

3章 五僧越え

3-2 時地区下山の道標
下山の湯谷に残されていたが、現在は所在不明となっている

3-1 五僧峠からの風景（岐阜県側）
五僧越えは、これら山々の谷筋を行き、峠手前で急坂を一気に登った

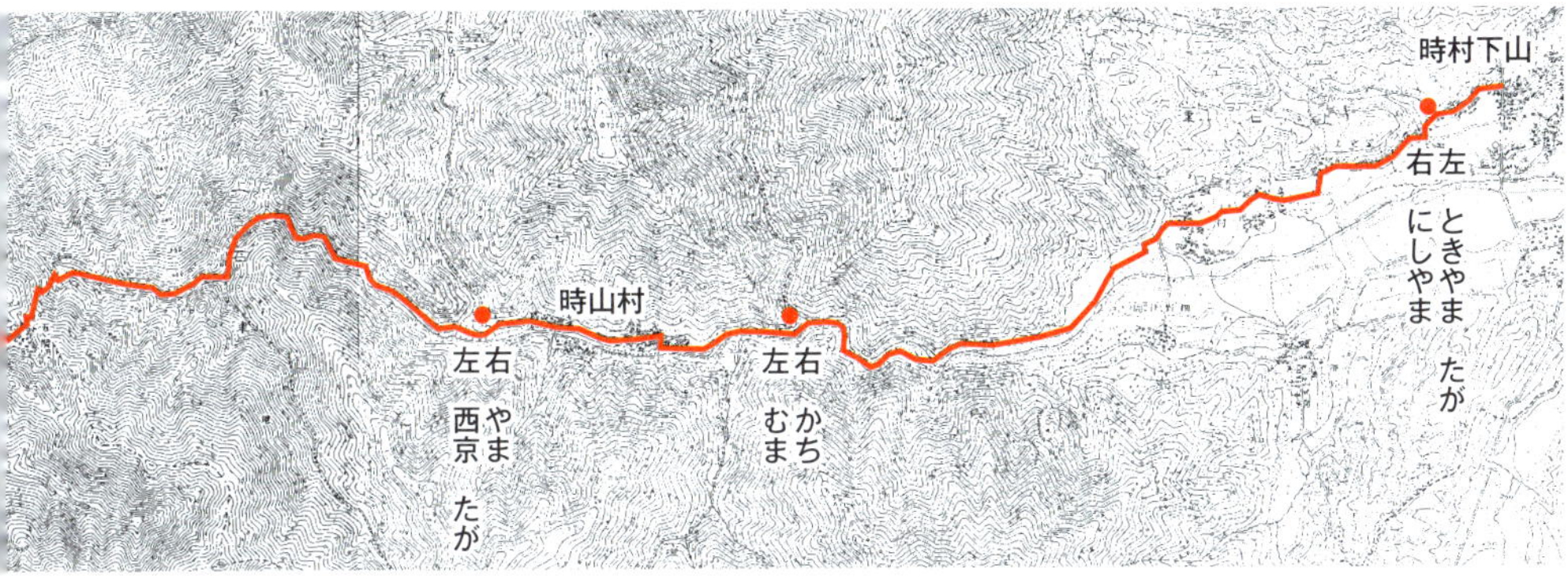

3-3「時地区下山～五僧の道と道標」（明治27年発行／大日本帝国陸地測量部）

I 「五僧越え」とは

岐阜県と滋賀県を結ぶ道に、「五《ご》僧《そう》越え」と呼ばれる歴史古き道がある。鈴鹿山脈の最北部・霊仙山と、そこから滋賀・岐阜・三重の三県が交わる三国岳とのちょうど中間あたりを越え、滋賀（犬上郡多賀町）～岐阜（大垣市上石津町時地区）間を東西20数kmでつなぐ、山中深い道だ。そしてその鞍部が、両県の県境となる五僧峠（標高約500m）で、道名の由来もそこにある。五僧峠は、鈴鹿の峠越え道の中で、東海道の鈴鹿峠（標高378m）に次いで標高が低い。そのため、美濃・北勢から多賀大社への参詣道としてだけではなく、近江さらに京都や北陸方面など広く東西をつなぐ道としても、古くから商人など多くの人々に利用されてきた。険しくても距離が短い、そのあたりが先を急ぐ旅人には便利であったのだろう。なおこの道は、島津越え、保月越え、牧田越え、江州街道などの名でも呼ばれている。また、現在の県道139号・上石津多賀線と重なる部分も多い。

五僧峠以東（岐阜県）

西美濃と伊勢を結ぶ主要道の一つである伊勢街道（勢州街道）、それの勝地坂越えの裏伊勢街道から西へ分岐するあたりの上石津町時地区下山が、五僧越えの東側（岐阜県）起点といえるだろう。同地区湯谷にはかつて「左　ときやま　たが、右　にしやま」と自然石に刻まれた道標があり、多賀道としての歴史を伝えてくれていた。

その下山から牧田川源流に向かうとやがて山間部へと入り、岐阜側の最奥となる集落「時山《ときやま》」（大垣市）に辿り着く。炭焼きで大変栄えた村だ。現在集落内には川沿いに立派な道が走っているが、それより少し高所の集落内を通る道が五僧越えの道だった。そして集落の300m程西にも「右ハ山、左　西京　多賀」と、やはり自然石に刻まれた道標が存在していたといい、今それと思われるものが「時山文化伝承館」に残されている。そこには「右　やま、左

3-4　「時山文化伝承館」と道標
時山の貴重な歴史・文化を伝える同館。そこの駐車場に残されている道標は、「右やま」という文字は判別できるが「左」以降は不鮮明

3-5　八重練（滋賀県）起点の道標
「是より杉坂十八丁、ミの いせ道」と刻まれおり、滋賀県側に残る唯一の道標である

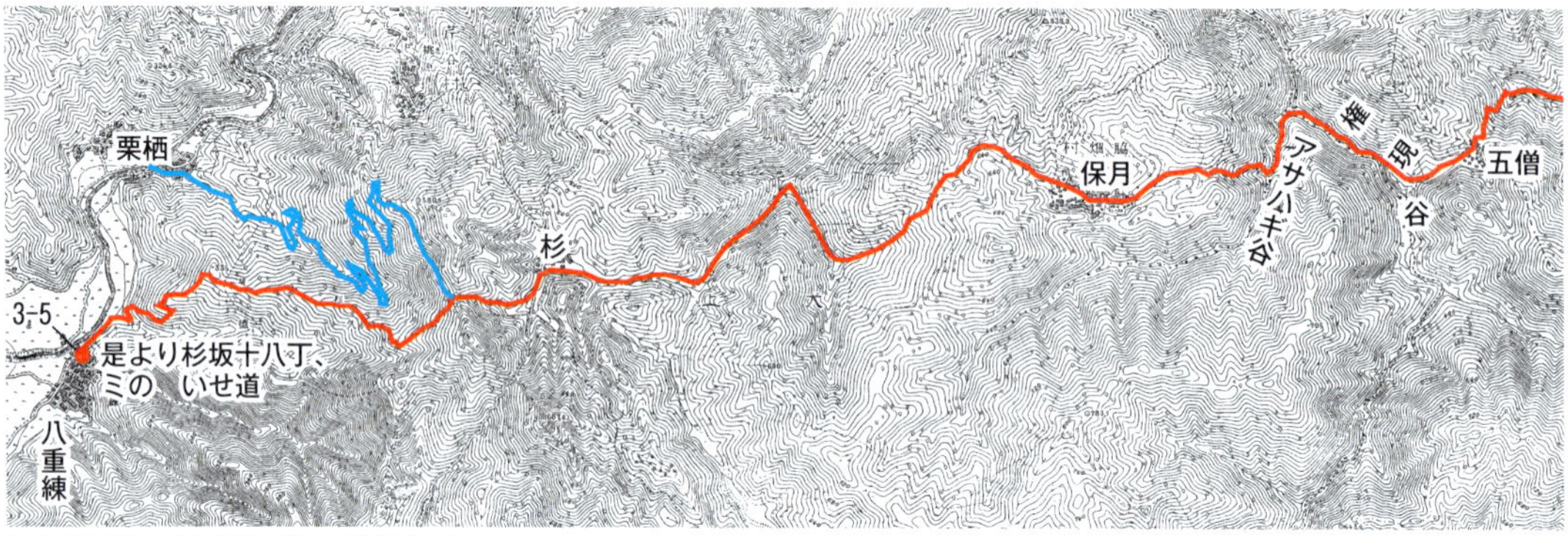

3-6「五僧～八重練の道と道標」（明治28年発行／大日本帝国陸地測量部）

○○」（○部は不鮮明）と刻まれており、現地の「これは時山の西のはずれにあった」ということばと位置的にも一致する。なお、ここでいう「石山」の道は、地図上では霊仙山の北側を周っており、おそらく当時は、中山道と五僧越えをつなぐ脇道として利用されていたと思われる。

時山以西は、ずっと谷筋に沿って道は進み、峠の手前で一気に標高を上げ五僧峠へと至った。今でこそ立派な道が着いているが、それは近年になってのこと。そう考えると、時山～五僧峠間は、長きにわたって古来の五僧越えの様相を残していた道といえそうだ。

五僧峠以西（滋賀県）

五僧峠のある五僧集落からは滋賀県となる。現在は滋賀県側にも峠までの林道が着いているが、これも近年になってのもので、それまでは人しか通れぬ山道しかなかった。

その五僧からはいったん権現谷へと下り、再び標高を上げる。遠くの霊仙山や眼下の権現谷の絶景を見ながら、針葉樹林の薄暗い道をアップダウンすると、やがて「保月《ほうづき》」、そして「杉」といった集落へと至る。五僧から杉までのこのあたりは、昭和30年に多賀町と合併するまでは脇ヶ畑村という一つの地方自治体で、村全体が鈴鹿北部の近江カルスト台地と呼ばれる石灰岩地帯の台地上にあった。3集落はいずれも標高500mを超える高所の村であったが、現在、脇ヶ畑地区には年間を通しての居住者はおらず、五僧・杉にいたっては数軒の廃屋が残るだけである。

旧脇ヶ畑村の杉集落を過ぎると、程なくして多賀大社の御神木のある杉坂峠に着く。かつての旅人は、この杉坂から眼下に広がる琵琶湖の絶景を見て、心休めたという。その杉坂峠からは、人しか通れぬ山道となる。そして、しばしの尾根道から急斜面を下ると、西側起点である「八《や》重《え》練《ねり》」へと至り、五僧越えの道は終わる。参詣の人々は、そこからは芹川沿いの道を下り多賀大社へと向かうのである。八重練の登り口には、「是より杉坂十八丁、ミのいせ道」という標石が今も健在だ。また八重練には、多賀参りや五僧越えを利用する旅人を相手にしたという宿もあったが、それも今は伝え聞くのみである。

3-8 島津豊久公の墓

大垣市にある豊久公の墓や、菩提寺である瑠璃光寺なども訪れる

3-7 2012年の関ヶ原踏破隊

権現谷からアサハギ林道の長い上り坂を経て、ようやく保月へ

3-10 地蔵峠

ここでは祭文が読み上げられる。お堂脇の大杉は、後になって薩摩より送られた薩摩杉といわれている

3-9 踏破隊一行と保月のみなさん

最後は保月の照西寺前にて全員で記念撮影。一行はこの後、地蔵峠へと向かう

なお昭和10年に「栗栖」から車道が着き、八重練から杉坂峠までの道は主要道としての役目を終えている。

Ⅱ　五僧越えの今昔

島津越えと関ヶ原踏破隊

幾つかの呼び名のある五僧越えであるが、歴史ファンに知られているのは「島津越え」という呼び名であろう。

慶長5年（1600）、天下分け目の戦いといわれた関ヶ原の合戦で、敗れた西軍の中にありながら名を上げたのが薩摩の雄、島津義弘と島津軍の武士たちだ。次々敗走する西軍において孤立した義弘のとった策は、大胆にも敵方東軍の中央を突破するという作戦だった。当初、潔く討ち死にを決した義弘を周囲は諌め、なんとしてでも主君を生きて薩摩へ帰そうと、一丸になって血路を見出そうとするのである。その時、甥の豊久、家老の阿多長寿院盛淳など、多数の犠牲をはらいながらも、遂に主君は奇跡とも思える生還を果たす。そのルートが、関ヶ原から表伊勢街道ならびに裏伊勢街道、そして五僧越えで、最終的には堺港より海路で鹿児島へ帰ったという。なお、1500名もの島津軍で無事薩摩へ帰ったのは、僅か80名程だった。

その郷土薩摩の英雄を讃え、毎年8月、遠く鹿児島県（日置市／旧伊集院町）からやってきて、島津軍の退路を辿るのが関ヶ原踏破隊だ。第1回目が実施されたのが昭和35年というから、半世紀以上もの歴史を持つ。現在の参加隊員は小学生高学年から中学1年生で、踏破ルートは駒野越え、五僧越えをメインとし、関ヶ原史跡巡りや薩摩藩士の墓参の他、宝暦治水工事で犠牲となった薩摩義士の墓参なども行われている。丸に十文字の島津氏の紋が入った陣笠や「チェスト　行け関ヶ原」ののぼりなど、猛暑の山道をひたすら歩く一行の姿には、時空を超えての郷土の勇者への思いを強く感じるのである。

なお保月では今でもお茶菓子を用意して踏破隊を出迎える。その保月と踏破隊との関わりは古く、昭和36年の第2回に遡る。その時、踏破隊と保月の子どもたちが仲良くなったのを機に交流が始まり、昭和43年、44年には保月での踏破隊宿泊も行われている。残念ながら脇ヶ畑小学校の休校により、村内に子どもがいなくな

3-11 時山の道標
行き先ではなく、「右　かち　左　むま」という道の状態が記されている

3-13 時地区下山・湯谷の分岐
ここに「左　ときやま　たが、右　にしやま」、裏面に「富山利田清蔵」と刻まれた道標が置かれていた。写真、奥へ行くと伊勢街道、手前が時山・多賀方面、左が西山となる

3-12 裏面「江州彦根　いせや治三郎」
安全な運送を願って、彦根の問屋商により置かれたという

3-14 時山集落内の五僧越え
このまま集落を出ると谷道となり、五僧へと向かう

たので続くことはなかったが、これらを機に多賀町と伊集院町の交流が始まり、兄弟都市提携も結ばれている。

商人たちの道

今では林業や各関係者の他にはほとんど人の通ることのない静かな道も、時代を遡ると、近江と美濃・伊勢を結ぶ間道として大いに利用された道であった。多賀町内からは地元の商人が呉服や太物、日用雑貨品などを背負って美濃や伊勢へ行商に出かけ、また10頭以上もの牛を引き連れた馬喰が、湖東地域から美濃や伊勢へと牛を運んだ。一方、美濃や北伊勢の茶商人(多良茶、北伊勢茶)がこの道を通って多賀、米原方面に茶を運び、時山からも有名な時山炭が近江の炭問屋まで運ばれ京都へ出荷されている。こういった商人の往来が非常に盛んであったことは、道標からもうかがい知ることができる。時山集落のはずれ、牧田川と幾里谷の合流するあたりに置かれていた道標には「右　かち、左　むま、願主　江州彦根　いせや治三郎」と刻まれている。これは彦根の問屋商人により、安全な運送を願って置かれたものだという。ちなみに、ここでいう「かち(従)」とは徒歩でしか行けない道、「むま(馬)」とは荷物を馬に乗せて運ぶことのできる道のことを指す。また、先出の時地区下山の「左　ときやま　たが、右　にしやま」の道標には「富山利田清蔵」と刻まれており、これは伊勢松坂で伊勢茶や伊勢木綿の取引をしていた豪商「富山家」か、富山の置き薬の問屋が立てたものといわれている。歴史の証人ともいえるこれら道標は、五僧越えの道が近江と美濃・伊勢ばかりでなく広く東西を結ぶ交易の道として頻繁に利用され、地域経済の発展に大いに貢献していたことを語ってくれるのである。

周辺集落からの道

五僧越えの道は、こうした商人はもちろんだが、一般庶民や周辺集落の人々にも、主要道として利用されていた。多賀大社の参詣道として、4月の多賀まつりでは多くの参拝者たちが美濃方面から訪れ、また高宮(彦根市)の恵比寿講の際には、時山の人々が売り出しに出かけたなどの話は今も語られる。往来の激しい頃は、保月集落で茶菓子や日用品な

3-15 鞍掛越え道の集落「大君ヶ畑」
この道の滋賀県側の最奥集落となる

3-16 権現谷林道起点の「河内妛原」
妛原は河内地区の最奥集落で、ここから霊山地区へ向かう道と権現谷へ向かう道が分岐する

3-17 権現谷林道とアサハギ林道（手前）の分岐
まっすぐ上れば、旧道で五僧峠へ。左が「河内」、右は「大君ヶ畑」となる

3-18 杉坂道からの風景
遠く、琵琶湖に浮かぶ竹生島がのぞめる

どを売る店が臨時で出店されたし、同村にかつて100人もの人が宿泊できる北村屋という宿屋もあった。

　周辺集落の交流でも、五僧越えは使われた。ここより1本南にある鈴鹿越え道「鞍掛越え」、その道沿いの集落「大君ヶ畑」は、時山との婚姻関係が活発であった。行事や祭りでは互いを行き来し、今でも嫁いで来られた方が両村には健在だ。近年になり権現谷林道で五僧越えとはつながったが、当時は大君ヶ畑の北、黒谷を通る山深い道で五僧越えに合流し、時山へ下るしか術はなかった。ひたすら険しい山道を歩いての帰郷だったのである。

　時山は、五僧越えの北にある谷筋「芹谷」河内地区とも婚姻関係があった。時山から河内へ行くには、五僧峠から谷に下り、大君ヶ畑とは反対の北へと進むのだが、権現谷を通るこのルートは、「犬戻り」ともいわれるほどの難所であった。山向こう同士の集落が婚姻関係などで交流があるのは珍しくはないが、この困難な地形を思うと、時山と河内との間で交流があったことは意外なこととも感じる。

　今でも時山村では「五僧峠の手前の坂がしんどかったわー」「杉坂峠で琵琶湖が見えた時は、やっときた！　って感じでね」などという、実際に五僧越えの道を通って大君ヶ畑や多賀大社を訪れた人たちのお話をうかがうことができる。また同様に大君ヶ畑でも「お祭りに時山まで行くのは、ほんとしんどかった」という声を聞くことができる。現役で歩いて往来した人たちが健在なのである。それから考えると、おそらく戦後少しすぎたくらいまで、五僧越えの道はそれなりに利用者があったと思われる。しかし多くの商人や旅人が往来し、宿や店が出るほどの賑わいを見せていたのは、それよりも年代をさかのぼった明治から昭和の初めより以前のことになるのだろう。先出の、保月の宿、北村屋が昭和のはじめ頃まで営業されていたことは、そのことを物語り、以降は五僧越え道も時の流れとともに衰退していくのである。

五僧越えの今

　八重練を西の起点としていた五僧越えも、現在は杉坂峠～栗栖《くるす》間に新しく車道がつけられ、県道139号・上石津多賀線とその名を変えている。

3-21 五僧越えの起点あたり

山麓に見える集落が八重練で、中央の稜線の切れ込みが杉坂峠。起点は集落北の谷にあり、峠手前から伸びてくる稜線へと至る急坂を登った

3-19 杉坂道にある「小便岩」

ほどない距離にある「周り岩」とともに、古くからの伝承を残す

3-20 栗栖～杉坂峠の車道

峠手前付近は特に細く、路肩も非常に弱い

3-22 栗栖の飛ノ木橋

現在の杉坂峠への道、県道上石津多賀線の起点。ここからも峠が見える

この新道は、県道指定とともに昭和10年に着けられたもので、それまでの細い山道が、ようやく荷車なども通行可能な道へと変わったのである。といっても、その時は栗栖から保月までで、保月～五僧間に車道が通るのは、それから30年以上も待たなければならなかった。さらに権現谷～五僧～時山間にいたっては、車道整備がされたのは平成10年代以降のことで、県道といっても車で通り抜けることのできない道だったのである。

五僧越えと県道139号・上石津多賀線を比べてみると、大きな違いは、西側起点が八重練から栗栖に変わり、杉坂峠までが全くの別ルートになったことである。他にも林道開通によるルート変更などあるものの、大筋は変わりないといえる。ただ、集落から人の生活が消え、多くの針葉樹が植林されるなどして、周辺の雰囲気は一変しており、往年の繁栄ぶりは想像するしかないのが現状だ。なお、西側起点あたりの山麓から杉坂峠を見上げると、五僧越えの道が平地から一気に標高を上げ、山中深く行く道であることを大いに実感できる。

杉坂の2つの岩

八重練から杉坂峠までの旧道（杉坂）は、今では山歩きに使われる程度となってしまった。その坂途中にある2つの岩についての話を少し。

起点から急坂を登り、尾根道を進み御神木まであと1km程というあたりに2つの岩がある。「廻り岩」「小便岩」だ。山道横に露出した、ごく普通の感じの岩だが、それぞれ古くからの伝承を残している。「廻り岩」は「唐箕《とうみ》岩」ともいわれ、ここを唐箕や大釜、水壺などを持って通り過ぎると天候が急変して大荒れとなり、農作物が被害にあうといわれていた。そのためこれらを持った里人は向之倉や河内方面から大廻りして山に向かったといい、名前の由来もそこにある。また「小便岩」は、この岩に祈ると小便が遠くなるといわれ、ここを通る里人は花を供えて拝んだ。また寝小便のある子の親が遠方からお参りに来ることもあったという。

伝承には、何かの事実に基づき伝え続けられたものや、何かを目的として意図的に作られたものなど様々あるのだろうが、この2つの岩の伝承も裏に意味がありそうだが、なぜそ

3-24「階段集落」時山
急峻なＶ字谷の斜面に100軒以上もの家屋が段々に立ち並んでいた、かつての時山集落の風景

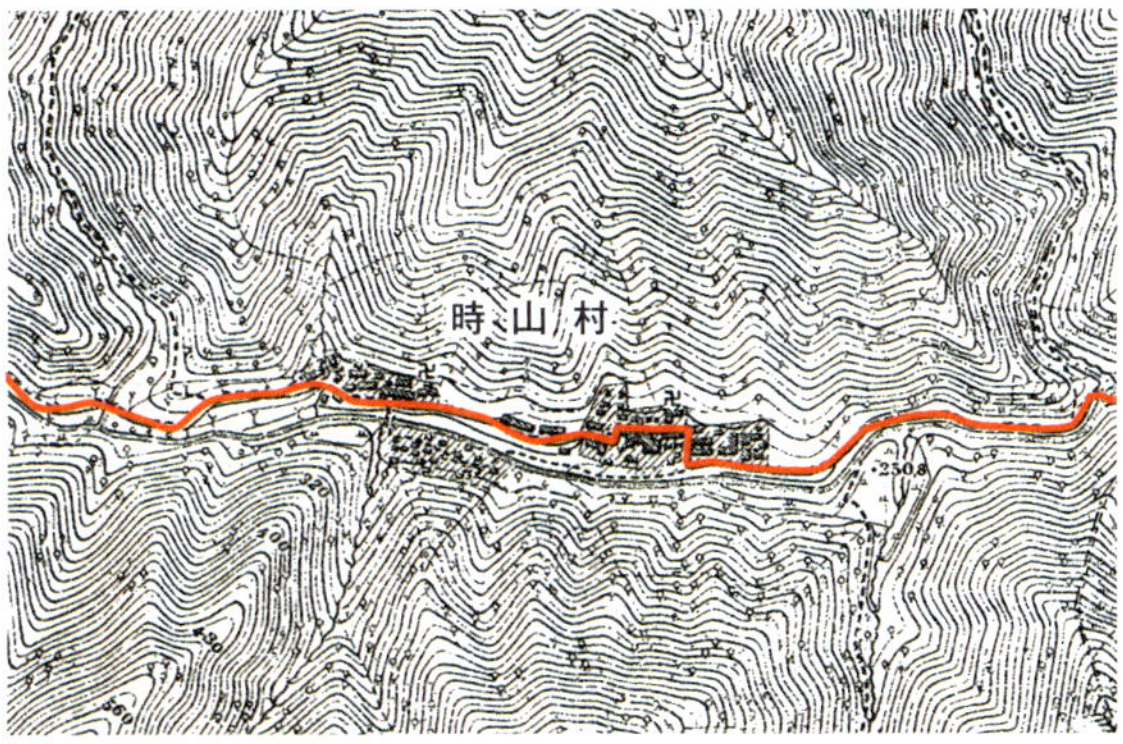

3-25 時山集落と五僧越えの道
（明治28年発行／大日本帝国陸地測量部）

3-23 時山集落内の五僧越え道
今も集落に残る、かつての五僧越え

のようなことが云われるようになったのかは、残念ながら明らかではない。

Ⅲ　五僧越えの山間集落

時山（岐阜県大垣市上石津町時山）

東西に走る五僧越え道の、鈴鹿山脈の東玄関口ともいえる集落が「時山」だ。鈴鹿最北部の８００m級の山々からの北斜面と、三国岳や烏帽子岳からの南斜面からなるＶ字谷、そこを流れる牧田川沿いに集落はある。急峻な斜面に１００戸以上もの家屋が段々に建ち並ぶかつての様は壮観で、まさに階段集落と呼ばれるとおりの様相をなしていた。集落の成立は古く、少なくとも中世に遡るといわれており、平家の落人伝説とともに、それに関連する「時山小唄」や地名などが今も伝えられている。

「時山小唄」
　浪の屋島を遠く遁《のが》れきて
　薪刈るてふ　深山《みやま》辺に
烏帽子　かりぎぬ　ぬぎ捨てて
　今は美濃路の　杣家《そまや》かな
こころ淋しや落ち行くさきは
　川の鳴る瀬に　藤機《はた》たてて
浪に織らせて　岩に着せう

ここで唄われている屋島というのは、平安時代末期に繰り広げられた源平合戦の中の屋島の戦い（１１８５年２月）のことで、この敗北で追い詰められた平氏は同年３月の壇ノ浦の戦いにも敗れ、遂に滅亡する。「時山小唄」は、その屋島から遠く美濃へと逃れて烏帽子や狩衣を脱ぎ捨て、今や杣人として生きる落人たちの哀歌とされている。加えて、地元では「隠れ谷、刀剣渕、射場、馬乗り場、左近太郎渕、頬切場、日下谷、かん蔵岩、薮谷、盛太郎坂」といった落人伝説に因むとされる地名も伝え残されている。

また時山の八幡神社は、元は屋敷神（同族の神）として個人で祀られていたもので、この地に辿りついた落人が、宇佐八幡宮の分霊を奉持し鎮守として祀ったものといわれている。ただ、これについて上石津町史では、平氏ではなく源氏の落人とされているなど、曖昧な部分も残す。源平合戦で敗れた平家の落人か、源氏の内紛で落ちのびた某源家なのか、その真実を知る術もないのだが、村内には今も同姓が多く、その一族のかつての屋敷神が後に村の神として

3-26 集落内の八幡神社

宮さんの９月の祭りでは、江州音頭が踊られる

3-27 五僧側から見た、集落内の五僧越え道

現在の五僧峠への道は、この道より下の牧田川沿に立派な道が通る。奥に見えている山は烏帽子岳

3-28 かつての炭焼き風景

村の95%が山林という時山は、村全戸が炭焼きに従事する炭焼きの村だった。江戸時代にはすでに西は京都、東は尾張名古屋へ出荷されており、京都への出荷の際には五僧越え道が使われていた

祀られるようになったという経緯からすると、何かしら力を持つ一族が移り住み、先住者とともにこの村が作られていったと考えるのも不自然なことではない。なお毎年9月、神社境内で行われる秋祭りの「時山踊り」は、先住者との融和をはかるために踊ったのが始まりとされており、時山小唄もその中で歌われる。また、そこでは滋賀県の江州音頭も踊られるというから、近江とのつながりの深さも感じさせてくれるのである。

　その時山で有名なのは炭だ。広大な山林、膨大な広葉樹の木々に恵まれた地の利を生かして古くから炭焼きを生業としており、慶長14年（1609）の検地帳には、炭窯が36口あったと記されている。農閑期の副業的な炭焼きとは違い通年製炭が行われ、燃料革命の影響を受ける昭和30年代まで集落全戸が炭焼きに従事していたというから、幾時代にも渡って「炭焼きの時山」の地位とブランドを守り続けてきたといえる。江戸の頃には既に京都・尾張名古屋方面に販路を広げ、その際の京都方面への運搬ルートには五僧越えが使われていた。明治になるとさらに一宮・岐阜・大垣・桑名・彦根など販路は拡大し、明治24年の時山集落は戸数114戸、人口514人を誇った。集落内には旅館もあり、多くの商人や旅人が旅の疲れを癒し、さらなる山旅に備えた。ちなみに、旅館がなくなって以降は、集落内の寺で宿をとったという。

　しかしながら何百年にわたり炭焼きで繁栄してきた時山も、燃料革命という社会の大きな変容により、昭和30年代中頃から炭の需要が激減し、それとともに製炭という生きる糧を失うことになる。加えて、高度経済成長で若い人材の多くが都市部へと流出するなど、時代の波が容赦なく襲いかかった。平成29年の時山は世帯数42戸・人口96人で、人口はかつての5分の1以下に減少している。山の集落の過疎化が問題となって半世紀にもなろうとしている現在でも、その流れは止まることなく、山間部集落の厳しい現状がそこにある。

　近年になり五僧峠への車道が開通した。時代が変わり、通る人の数も目的も昔とは大きく違っているものの、時山は、遠い日の五僧越えの面影を今も伝える集落といえるだろう。

3-30 生活があった頃の五僧（昭和25年以降の撮影）
現在は多くの杉が植林され、周辺の風景は一変している

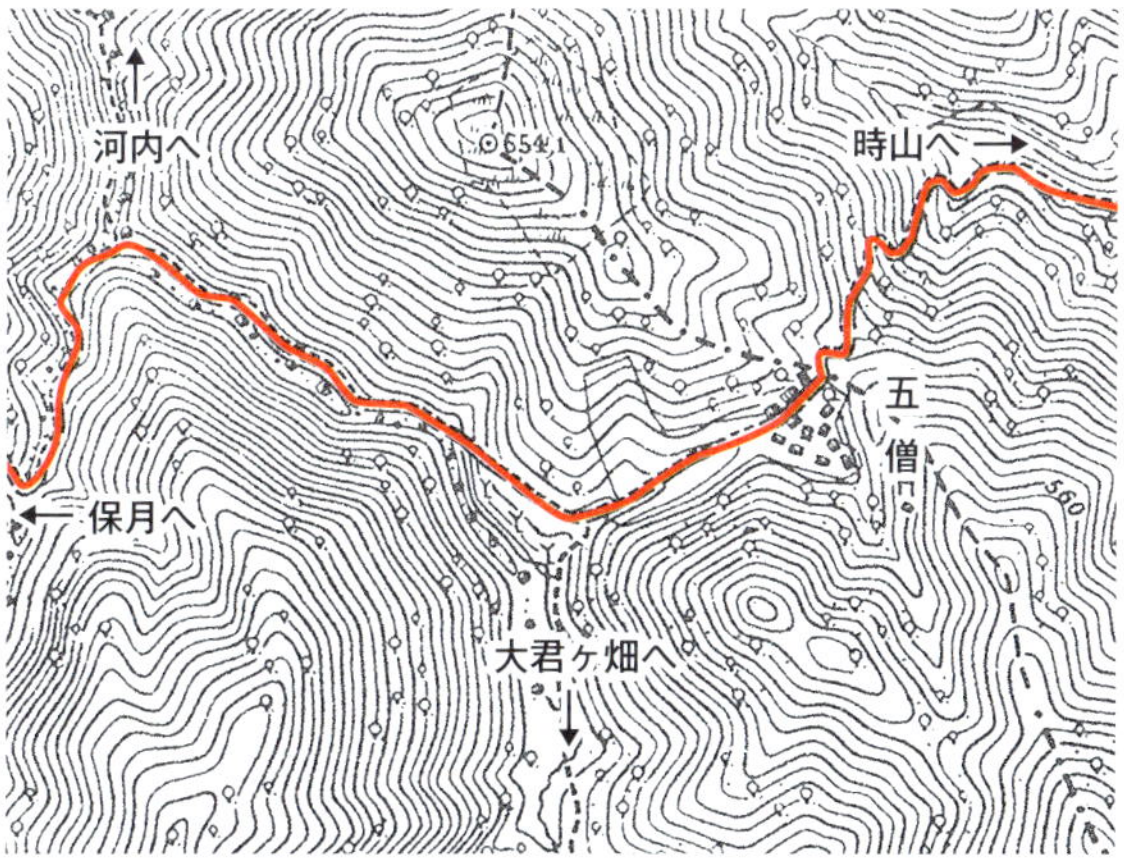

3-31 五僧と周辺の道（明治28年発行／大日本帝国陸地測量部）

3-29 現在の五僧峠
標柱は時山との境界線を決定する際の基準に建てられたものと思われる。以前は木製のものが建てられていた

五僧（滋賀県犬上郡多賀町大字五僧）

「五僧」は滋賀と岐阜の県境、鈴鹿越えの鞍部、五僧峠にある集落だ。旧脇ヶ畑村3集落（五僧・保月・杉）の中でも最奥に位置し、現在は数軒の廃屋のみが残る。元々10戸前後で村を維持し続けてきた小集落であるが、生業の製炭業の衰退、脇ヶ畑の中心だった保月の人口激減に伴う地区将来への不安、小中学校の休校や教育問題等々で、昭和40年あたりから人々は次々と山を降り、同49年、遂に最後の住人が村を離れる。ただその後も、季節の良い時期には帰ってこられる人もおり、村から人の暮らしが消えたのは昭和54年のこととなる。

　五僧集落は、元禄8年（1695）が11戸、そして昭和40年も同じく11戸。その間、多少の変動はあったが、300年近くに渡って全戸数9～12戸で推移している。これは、主に生活の糧を林業とわずかな畑作に頼るしかない環境の中で、これ以上戸数を増やすと各戸の生活に必要な生産が困難になること、また逆にこれより戸数を減らすと集落としての機能保持が難しくなってしまうこと、そのギリギリの中でのバランスだったと思われる。

　また五僧は地理的な面から、他の2集落とは違った歩みが見られる。たとえば物産の搬出や生活用品の購入で、杉・保月が県内の彦根方面が主だったのに対し、五僧は時山方面への搬出入が普通で、岐阜とのつながりが深かった。これに変化が見られたのは東海道線（明治22年）や近江鉄道（明治31年）の開通で、以降は五僧も滋賀県の湖東方面への搬出が主になってゆく。ただ、この湖東方面への運搬が大変で、五僧の場合、夜中に起きて時山の番茶で作った茶粥を早々に食べ、深夜に柴薪や炭を荷負って出発したという。真っ暗な山道を、松明（後に提灯）を照らして行くのである。保月は早朝の出発だ。そして、ちょうど杉で夜明けをむかえ、そこで一行は大八車や提灯を杉の街道筋の家に預け、薪炭を背負って杉坂を下り八重練へと向かう。八重練からは大八車を5台、10台と連ねて彦根へ向かったというが、それにしても、夜中に出発する必要があったというのには驚く。さらに驚くのは、これらが女の仕事であったということだ。女たちは夜中から歩き通しで彦根まで薪炭などを運び、購入した日用品

3-32 **秋の美那戸神社のお祭りに向かう**（年代不詳）

3-33 **今も健在の、上写真の家屋**（平成27年撮影）

3-34 **五僧越えの古道**（年代不詳）
五僧から権現谷へと下る道は、林道脇に今も一部が残る

や雑貨を持ち帰る。往復30㎞を越える道程で、500ｍもの標高差だ。

そんな五僧越えの道は、先述のように昭和10年に県道指定されるが、保月～五僧間は未だ旧道のままで、保月に行くには険阻な権現谷、そしてアサハギ谷を歩くしか術はなかった。その困難さを日々感じていたのは子ども達だろう。学校のある保月へは、雨天時には川沿いの細道を、左岸右岸へと飛ぶようにして渡る。大雨時は腰まで増水するため、授業は急遽中止され下校。また積雪時には、父兄がカンジキを履いて先頭を歩く。学校に着くと汗びっしょりになった衣服をストーブで乾かすのだが、乾く頃にはもう下校の準備となる。今の時代からは想像もつかない危険で過酷な通学だが、それでも子ども達は、ほとんど休まず登校したという。

ところで五僧集落の起こりだが、これはその昔、美濃の奥五僧から5人の僧が移り住んだことによると伝えられている。この奥五僧というのが時山集落そのものを指すのか、時山領内のどこか特定の場所のことなのかは明確ではなく、またいつの時代に5人の僧がやってきたのか、五僧越えの道と集落の起こりとの関連がどうなのかなどもわからない。犬上郡豊郷町の四十九院唯念寺の記録によると、東本願寺の初代教如上人が五僧集落を通りかかられた際に、仏縁がないのを嘆かれ、字全体を唯念寺の門徒とされたとある。慶長7年（1602）のことだ。この時以来、五僧は唯念寺の掛所となるのだが、起源が5人の僧にありながら、仏縁のない集落となった経緯は、如何なるものだったのだろう。しかしながら、幾度かの大火で村の文書が焼失し、記録が残されていない中では、もはやこれ以上のことを探ることはできない。

古くから大いに利用されてきた五僧越え道で、五僧は峠（国境）という重要な地点に位置するだけではなく、北の河内地区や南の鞍掛越え道など、南北の分岐点としても重要な位置にあった。昭和という時代の中で、人の住む村としての歴史は終えたのだが、街道沿いの峠集落として、国境として、また東西のみならず南北への分岐の集落として重要な役割を担いながら歴史を歩んできたことは、今後も伝え残していきたい。

3-37 冬の保月
脇ヶ畑地区は雪深い。豪雪時には「電線をまたいだ」などの逸話も聞かれる。そんな時でも、子ども達は大いに遊んだという

3-35 人の生活があった頃の保月（年代不詳）
脇ヶ畑地区に電気が通ったのが昭和25年。それ以降の昭和30〜40年代の撮影と思われる

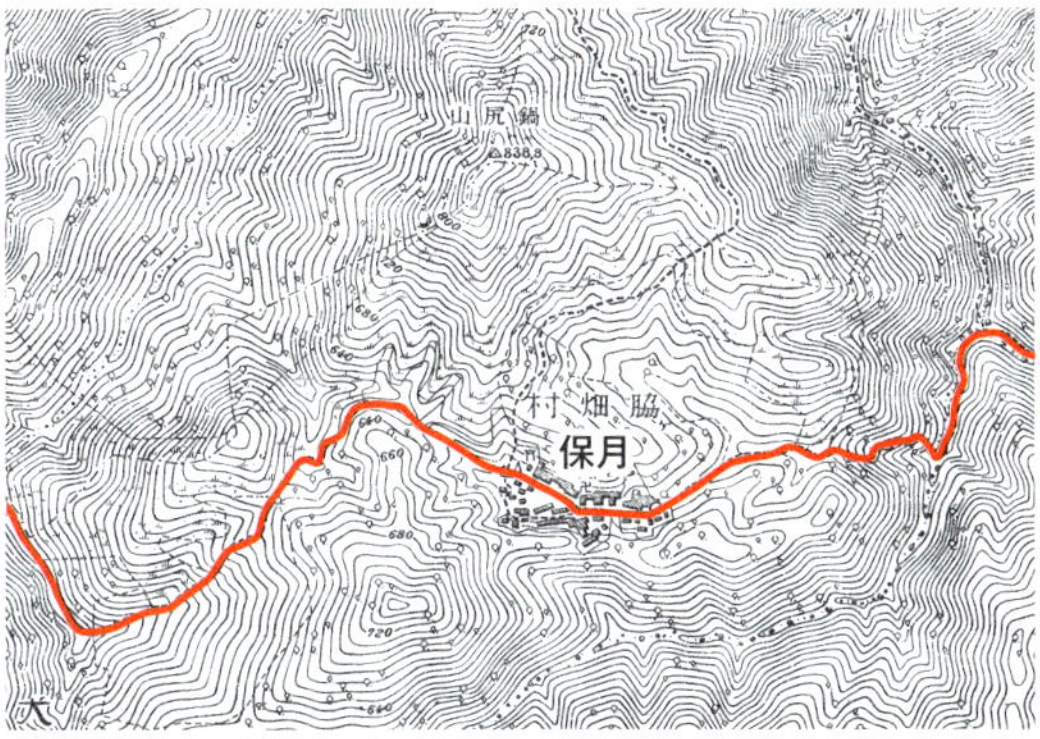

3-38 保月と周辺の道
（明治28年発行／大日本帝国陸地測量部）

3-36 役場支所
段差があったため変則な造りになっている。1階が郵便局、2階が役場（支所）だった

保月（滋賀県犬上郡多賀町大字保月）

五僧峠を西へ下り、権現谷とアサハギ谷との出合いから西への林道を上っていくと、やがて、なだらかな斜面に美しい山里「保月」が見えてくる。今でこそ10戸足らずの家屋が佇むだけの静かなその地も、かつては百軒近くもの家屋が立ち並び、宿屋や質屋、酒屋、茶の仲継ぎ問屋などもある、いわば五僧越えの宿場町的な存在であった。そして、五僧・保月・杉の3集落からなる脇ヶ畑地区（旧脇ヶ畑村）においても常に中心的な存在で、役場や郵便局、駐在所、学校などの諸施設が保月には置かれていた。

古く元禄年間（１６８８〜１７０４）には92戸で人口４２１人、宝暦年間（１７５１〜１７６４）には１２０戸を超えており、明治31年でも82戸を数えた。しかしながら、地区随一の規模の保月も、明治の終わり以降は徐々に戸数を減らし、昭和の初めには55戸、同20年41戸、同じく30年代には20数戸にまで落ち込み、40年以降は一気に減少する。それにしても、深い山中とはいえ農林業主体でこれだけの人々の生活を支えたとは思えない。やはり五僧越え道の繁栄が、大きく影響していたのだろう。

明治以降の人口減少の要因として、安価な外材輸入により山林業が大きな打撃を受けたことや、アメリカやカナダ、北海道など海外を含めた遠距離への長期出稼ぎ、先の見えない山の生活に見切りをつけての移住・転職などがあげられる。そして、村の繁栄を支えてきた五僧越えの衰退もそれに加わるだろう。なお離村が進んでいったのには、持ち山のみで製炭を営めるような世帯がなかったこと、農業も小規模自給的で共同組織的なものを必要としていなかったことなど、各戸がさほど縛られる状況でなかったことなどもその背景にあった。

戦後はさらに人口減少が著しくなる。太平洋戦争で多くの戦没者が出たことは、家族を失うという悲しみだけでなく、村の大切な後継者を無くすという大きな打撃でもあった。さらに昭和24年には大火が発生。その時、八幡神社をはじめ13棟が焼失するなど被害は甚大で、その影響も村に重くのしかかる。そして、燃料革命による製炭業の衰退や高度経済成長という社会の変容で一気に人口が減少し、昭和44年3月には小中学校が休校、同

3-41 鍋尻山（後方）と保月
鍋尻山の南腹600ｍあたりに、保月集落は位置する

3-39 保月の民家（年代不詳）

3-40 保月の民家（平成24年）
２枚を比較すると、多くの家屋が姿を消していることがわかる

3-42 脇ヶ畑小学校跡
多賀大神が滞在されたという亀山には、小学校があった。今は、その痕跡のみが残っている

47年には遂に役場支所も閉鎖となる。

保月の人々が村から離れ、無住となったのは昭和51年。その後再び故郷に帰ってこられて冬場にも暮らす人がいたものの、昭和56年の冬、雪に閉ざされた村から病人がヘリで救出されるという事態が起こり、以降、冬季は完全に無住となる。

さて、「ほうづき」という美しい響きの集落名だが、その名の由来に明白なものはない。鍋尻山に残る月を見るという意味から「月を保つ」から「保月」になったというもの、白い花が美しい植物「ウヅキ」が訛ったというもの、橙色の実をつけるナス科の多年草「ホオズキ」からきたものなどが伝えられる。また集落の起源については平家の落人集落という説があるが、これまでの周辺の歴史や集落内に多くの姓が存在しているところなどから、近江・美濃・伊勢三国からの寄り合い的な集落ではないかといわれている。その辺りのことを古い伝承から見てみよう。

脇ヶ畑には、多賀大神が伊勢から美濃、そして五僧越街道を経て保月の亀山に滞在された後、杉坂峠で休まれ多賀に鎮座したという伝承が残されている。東方からの移動である。

また保月にかつて存在した南宮神社は、天正12年（1584）に保月が近江領に確定するとともに御神体や社殿が美濃に移されたという。これも元々は美濃からのつながりが深かったもの、つまり東方から移動があったことを示す。さらに先述の五僧の起源とされる五人の僧も、美濃の時山方面からやって来たとされているなど、街道筋に残る古い伝承には、東から西へという内容のものが多く、これは道筋の開発や人や文化の移動と重ねて考えることができる。こうしたことから、東からの影響を大きく受ける中で拓けていった道の、宿場町的な役割を持つ集落として他地域からの人を吸収しながら発展していった、そのように見ることができるのではないだろうか。

日中でも薄暗い針葉樹林の林間道を行くと、急に周囲の景色がひらけ、広い空の保月集落が現れる。長い歴史を刻んできた脇ヶ畑地区から人々が去り、かつての生活の跡も自然に還りつつあるだけに、五僧越え道での保月の存在は大変貴重であると感じるのである。

3-43 杉坂峠の多賀大社御神木「三本杉」

万灯祭の時には御神火祭がここで行われる。古式に則っておこされた火が調宮神社を経て本社まで運ばれ、1万を超える提灯に火が灯される

3-44 茅葺家屋が並ぶ杉集落（年代不詳）

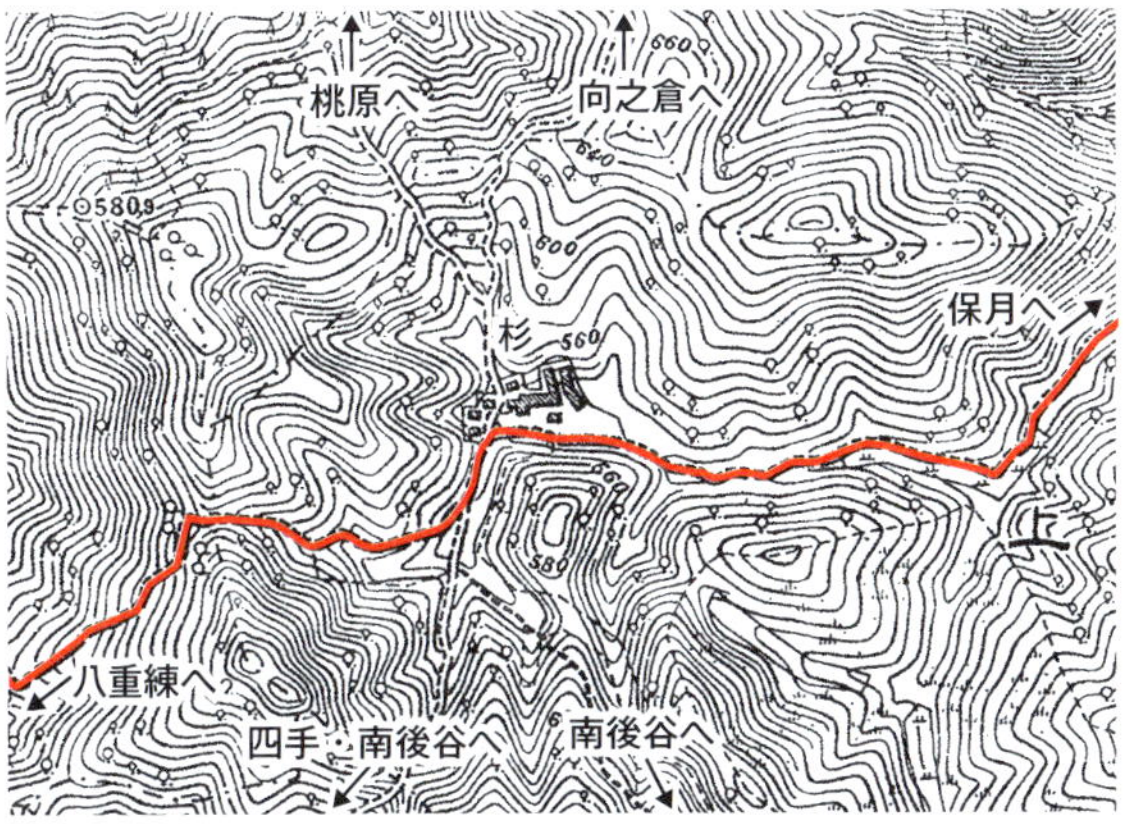

3-45 杉と周辺の道（明治28年発行／大日本帝国陸地測量部）

杉（滋賀県犬上郡多賀町大字杉）

「杉」は、脇ヶ畑地区の表玄関ともいえる集落で、標高が約540m、ちょうど近江カルスト台地の凹部に立地している。集落から500mほど西が杉坂峠（標高586m）で、そこからの急坂を下ると、五僧越えの西の起点、八重練である。

山麓から眼前に迫る鈴鹿を見上げると、壁のように立ちふさがる山々の稜線に切れ込む杉坂峠がよく見える。その杉坂峠には、多賀大社の御神木「三本杉」がある。三つ又になって天へと伸びる見事な巨木だ。周知のように、多賀大社には伊勢神宮の主祭神・天照大御神の父母である伊邪那岐大神と伊邪那美大神が祭られているが、その伊邪那岐大神が多賀に鎮座される前、高天原から降臨された地がここ杉坂峠。そこで麓の里人からの粟飯を召し上がられ、その時に地面に刺した杉箸が芽吹いて成長したとされているのが、この三本杉である。そして杉集落は、この聖地の御神木を守る人々の子孫であったといわれている。残念ながらそれ以上のことについてはわからないのだが、五僧や保月の起源が東方色の濃いものに対し、杉は西方すなわち近江側からの起源を持つことは間違いないだろう。

杉集落の人口は、元禄8年（1695）14戸70人、明治11年18戸74人、大正11年13戸67人、昭和11年13戸72人というように、戸数・人口ともに大きな変化がなく安定し、五僧と同様、長年にわたり10数戸を維持し続けてきた。明治44年の大火にみまわれた際でも、被災を理由とした離村者は出ず、逆に長期海外出稼ぎの人たちが、故郷の窮地に戻ってくる状況となり、それが村に働き盛りの若い世代を引き戻すことにもなった。ところが昭和40年を前にして、将来の教育に不安を感じての離村者が出始めると、小中学校の統廃合問題がそれに拍車をかけ、人々は村を離れてゆく。そして昭和48年に最後の一人が山を降り、遂に無住の集落となるのである。ただ杉の場合、再転居なども含め、離村者の多くが多賀町の集落再編成事業による新たな造成地（木曽地区）に移住されており、集団移転的な要素もみられる。

そんな杉集落の生業であるが、耕作条件に恵まれない脇ヶ畑地区の中では比較的耕地面積が広く、また平

3-48 五僧越えの道と杉集落（年代不詳）

現在は茅葺家屋はすべて姿を消している。この美しい風景が写真でしか伝えられないのが本当に残念である

3-46 雪の杉集落（年代不詳）

3-49 倒壊の進む家屋（平成26年撮影）

残された家屋も自然倒壊や取り壊しなどで次々と姿を消し、残るのは数軒となっている

3-47 現在の杉集落（平成26年撮影）

春になると桜が咲き誇り、大変美しい

地にも近いという立地条件にあったため、出荷用作物としての牛蒡栽培が行われていた。牛蒡といえば、山向こうの桃原《もばら》の牛蒡が有名であるが、杉のそれも品質が良く、主力作物として彦根や京都へ出荷されていた。また夏野菜の美濃早生《みのわせ》大根の栽培も盛んで、これも出荷されて貴重な現金収入となっていた。逆に薪炭生産は副業的に営まれる程度で、それも薪のままの出荷が多かった。この他、平地に近いことの影響は大きく、それは外部に職を持つ世帯があったということにも現われている。昭和38年頃の杉の生業は、全12戸中のうち通勤3戸、専門職2戸、自営運送業1戸となっており、地元での農林業の割合は半数ほどであった。なお保月、五僧でも牛蒡は作られてはいたが、その規模は小さく、主に自家用もしくは得意先への贈答が中心だったようだ。

今、五僧越え道のこのあたりはほぼ一本道である。しかし明治頃の地図を見ると、杉辺りには五僧越えと交差するように南北にのびる道が見られる。北は、尾根越えで向之倉《むかいのくら》や桃原へ、南は南後谷《みなみうしろだに》と四手《しで》へと続く。北への道は、芹谷まで降りると中山道の鳥居本へと向かい、南の道は犬上川北谷へと下って鞍掛越えの道へとつながる。これらの道は、集落間の往来はもちろんであるが、各地へ往来する商人・旅人なども積極的に利用したと思われる。今でこそ、道沿いにポツンとある印象の強い杉集落も、これらの道が活発に使われていた頃を思うと、脇ヶ畑の西端部においての五僧越え道と南北をつなぐ要衝としての姿も見えてくるのである。加えて、脇ヶ畑の他集落の人たちにとっても杉の存在は重要だった。五僧や保月から彦根方面へ物産を出荷する際には、大八車や灯り用の提灯などを預けたり、食事・休息をとるなど、地元の人たちの大切な玄関口としての役割も担ってきたといえる。

今の杉集落は人のにぎわいに代わり、水仙や桜、モリアオガエルなど季節の自然でにぎわうようになった。それでも杉坂を上り切った後に出合うこの山里の風景は、五僧越えに人々の歴史があったことを伝えてくれる。時が流れ、村も周囲の風景も大きく変わってしまったが、脇ヶ畑の表玄関集落としての杉は今も健在といえるのかもしれない。

4章

鞍掛越え

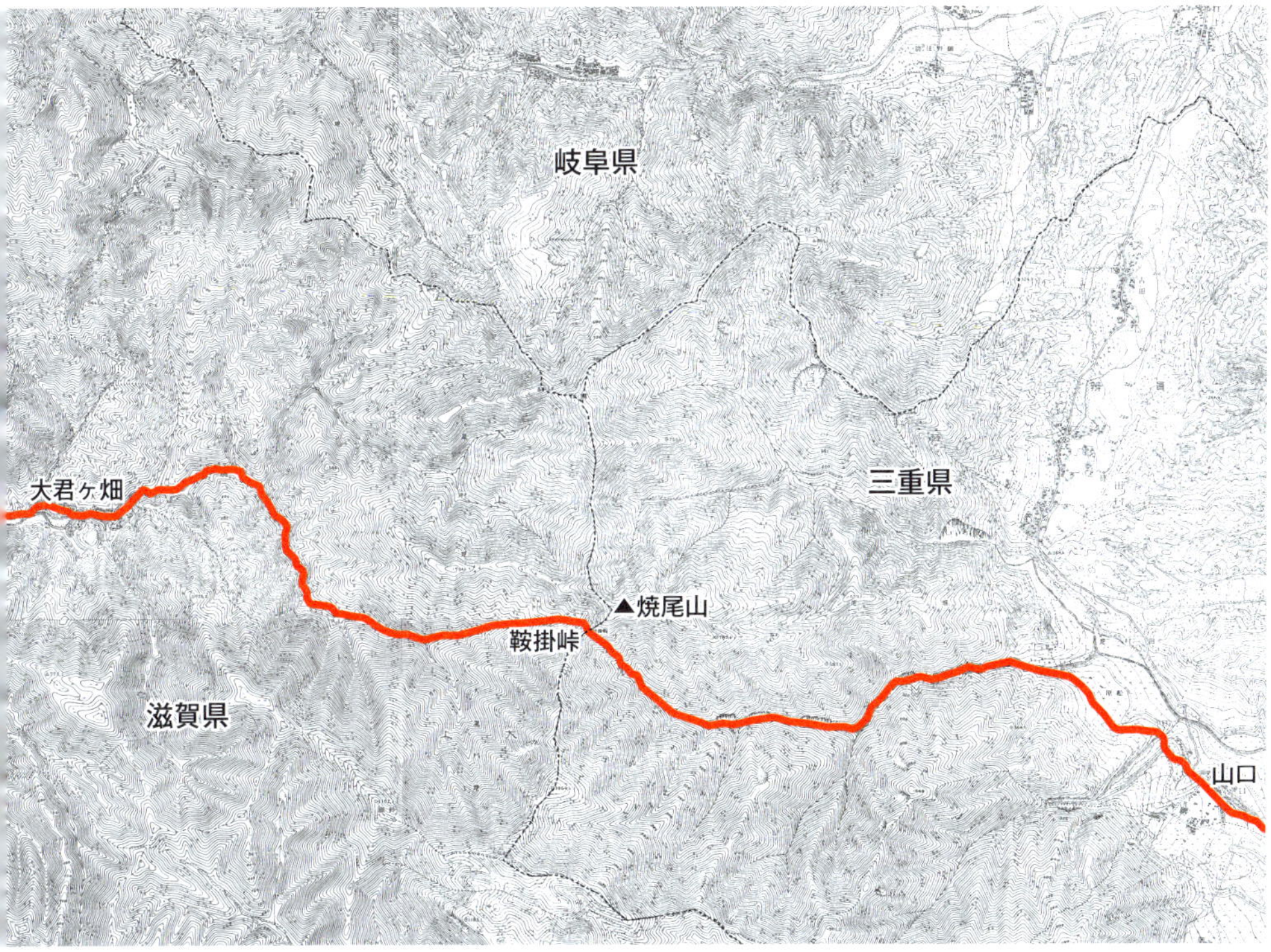

4-1　藤原町山口から大君ケ畑（明治28年発行／大日本帝国陸地測量部）

三重県いなべ市藤原町山口から鈴鹿山脈の三国岳（８２２ｍ）と御池岳（１２４７ｍ）をつなぐ稜線の低部鞍掛峠《くらかけ》（７９１ｍ）を越え、滋賀県犬上郡多賀町大君ケ畑《おじがはた》、佐目《さめ》集落を経て多賀大社に通じる道がある。旧道は現在の国道３０６号と並走し、重なる箇所もある。藤原町山口にある道標から多賀大社まで約24km、車で40分ほど、徒歩なら7時間である。

I　峠越えの名称について

鞍掛越えは大君ケ畑越え、龍華《りゅうげ》越え、山口越え、焼尾越え、など様々な呼び名がある。

享保19年（１７３３）の『近江輿地志略』には大君ケ畑越えとあり、これが近江での呼び名であった。また伊勢側では龍華越え、山口越えと呼ばれており、山口地区は往古龍華と呼ばれていたこと、善長寺は字龍華地蔵平から下りてきた僧が寺を建て、山号を龍華山ということなどから龍華越えが一般的であった。

次に焼尾越えの名称は元禄・天保の「近江国絵図」を始め、明治、大正の滋賀県地図の多くに書かれている。明治12年の『犬上郡誌』には「焼尾越、或ハ大君ケ畑越ト云フ」とある。

焼尾山は三重県側に位置し、焼尾峠は鞍掛峠のすぐ北にあるが、江戸、明治の地図によっては、焼尾山や焼尾峠を滋賀県側に示したものもある。

それでは、鞍掛越えと呼ばれるようになったのはいつ頃からなのだろうか。明治28年の陸地測量部地図には、県境に鞍掛峠と書かれているが、それ以前にこの峠を「鞍掛」と書かれたものが今のところ見当たらない。

鞍掛とは、馬の鞍のように見えることからついたとか、天安2年（８５８）惟喬《これたか》親王が藤原良房の追討をさけ、この地で馬の鞍を掛けて休憩したことで「鞍掛」と呼ばれたという逸話があるが、峠の名称とともに、鞍掛越えと呼ばれるようになったのは、どうやら、そう昔のことではなさそうだ。

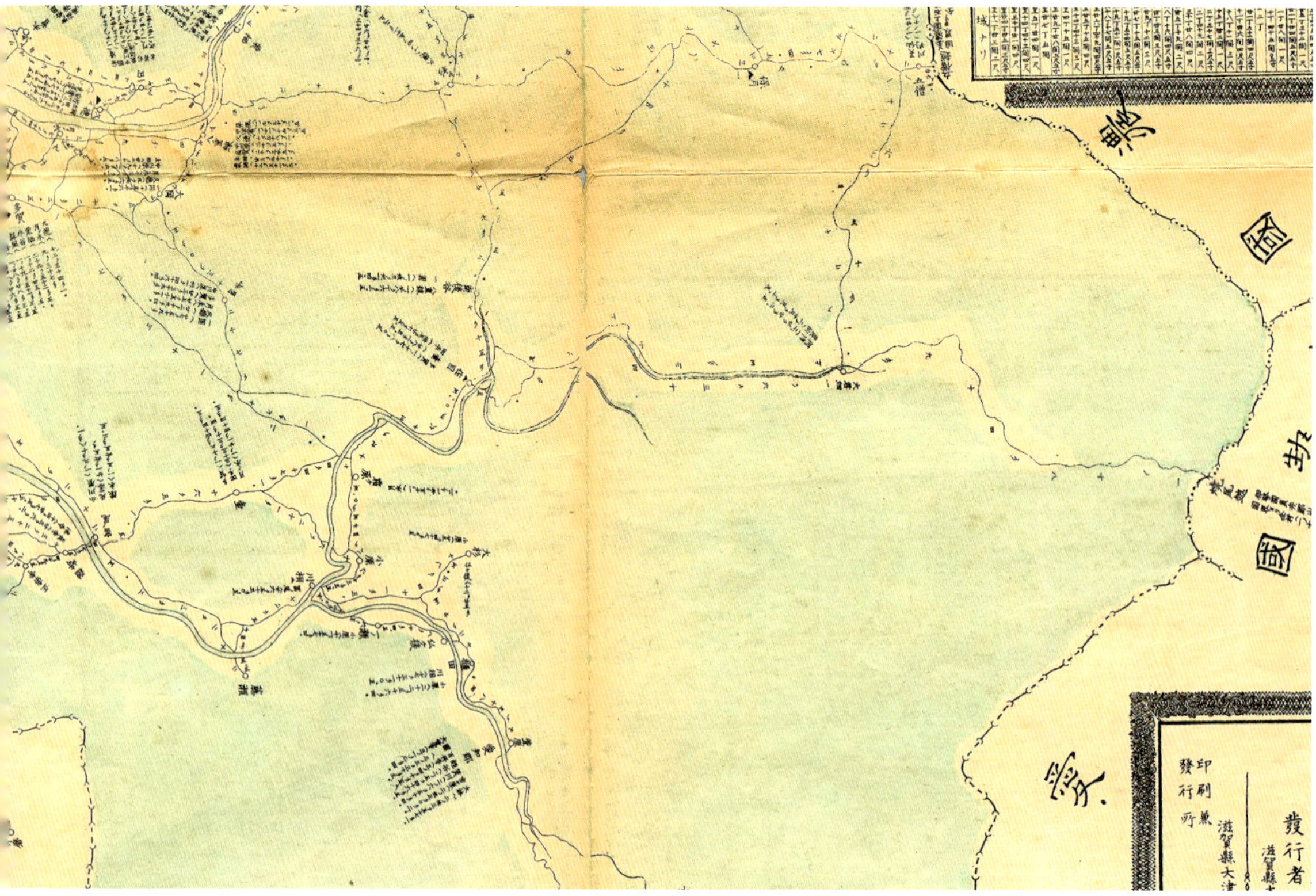

4-2「犬上郡里程図 訂正増補」部分（明治35年／中西二酉堂：滋賀県立図書館蔵）。右に焼尾越と書かれている。多賀大社への最短ルートは現在の国道306号とほぼ同じである。

4-3 昭和43年12月に建てられたモニュメント

4-4 明治17年建立の道標

4-5 コグルミ谷付近の道沿いにある石碑

Ⅱ三重県藤原町から鞍掛橋

三重県いなべ市藤原町山口

いなべ市藤原町山口の国道306号と365号の黄金大橋南交差点から東に行ったところに「左彦根　右関ケ原」と書かれた、左右に羽を広げたようなモニュメントがある。

石の裏には、「昭和43年に鈴鹿国定公園の指定を受けたことを喜び、また長年愛用の旧道標を明治百年記念として保存するために建設した」と当時の区長により書かれており、台座の中央に置かれた旧道標は明治17年に建立、「右関ケ原　左西京道とうげまで五十丁」と刻まれている。

ここで、旧道と国道306号の歴史を調べてみると、明治45年、太平洋と日本海を結ぶ道路を計画すべく、三重県知事一行が調査のため大君ケ畑に来訪している。その後大正9年に県道彦根―桑名線、昭和29年に主要地方道津―彦根線、そして昭和45年に国道306号となった。滋賀県側では、多賀大社以北は彦根市外町交差点までの路線である。

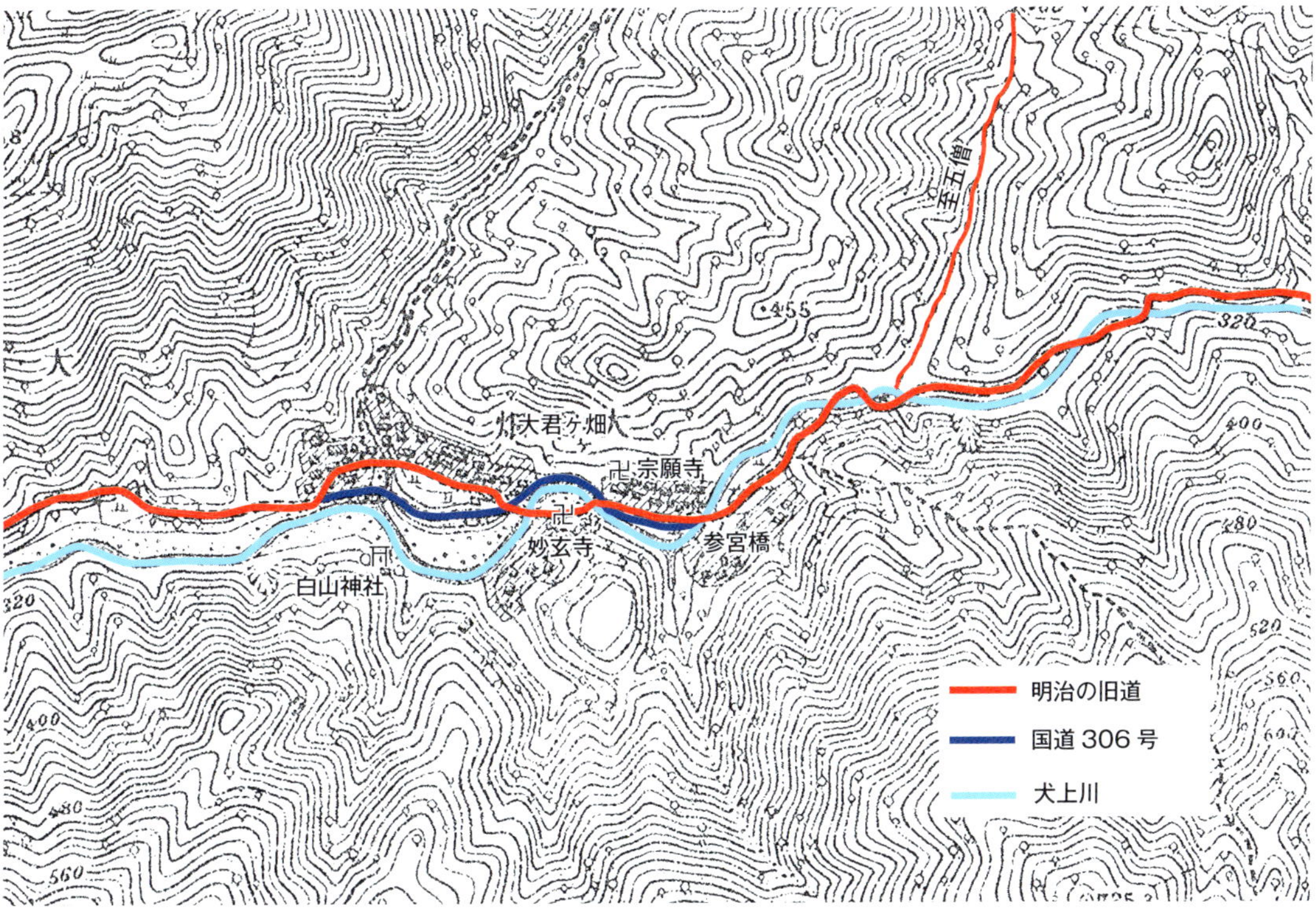

4-6 大君ケ畑の旧道（明治28年発行／大日本帝国陸地測量部）

4-8 妙玄寺

4-7 手前が昭和57年にできた参宮橋

鞍掛トンネルから鞍掛橋

昭和30年、旧鞍掛橋から峠に向かって改修工事が始まったが、難工事だったようで、ほどなく中断されていたという。

昭和47年、峠の下に鞍掛トンネルが開通し、三重県との距離が短縮された。しかし冬期は凍結や積雪のため閉鎖、また災害等による峠付近の崩落でしばしば通行止めになる。

トンネル開通後もトンネル西口から鞍掛橋までは平成の初め頃まで未舗装区間が残っていた。

Ⅲ 大君ケ畑・佐目

大君ケ畑

大君ケ畑の集落に入ってすぐ、犬上川に新旧2つの橋が架かっている。右が旧道、左が国道（新道）に架かる参宮橋である。

旧道はほどなく国道と交わるが、元は川を渡って妙玄寺の前を通り、再び川を渡り、対岸を通っていたようである。

現在2つの橋はないが、上図から読み取れる。なお、妙玄寺の北に昭和39年に竣工の指月《しつき》橋が架けられていることから、川の北岸を通る国道

4-9 白山神社

4-10 白山神社から大君ケ畑集落を望む

4-11 大君ケ畑洞門（昭和61年開通）

4-12 佐目トンネル東口。左に国道306号の旧道がある

4-13 佐目トンネル西口右手に遊歩道となった旧道

4-14 佐目トンネル東口左にある句碑

は県道時代に作られたようである。

またこの近辺には木地師伝説が伝えられ、白山神社には伊邪那岐神、白山権現とともに惟喬親王が祀られており、大君ケ畑は王子ケ畑と呼ばれていたという。

かつて、大規模な地すべりが発生して犬上川が堰き止められ天然ダム湖ができた。この災害のため村の戸数が減少したという。この大災害は「タカヤ抜け」と伝えられている。

2007年12月、大君ケ畑小字高屋付近犬上川右岸の護岸工事の際に、軟弱な地層が発見された。湖成堆積物の調査により大規模な災害があったことが明らかになり、15世紀頃に「タカヤ抜け」が起こったのではないかと推測されている。

大君ケ畑―佐目の二つの旧道

大君ケ畑を過ぎてほどなく、大君ケ畑洞門に入る。洞門を出ると道が二手に分かれている。右が平成2年に開通した佐目トンネル、左は川沿いの旧国道である。その横に「勢江通相」と書かれた碑と並び平成2年御大典記念に建てられた宮戸未鳴の句碑「山越えの　伊勢人もあり　多

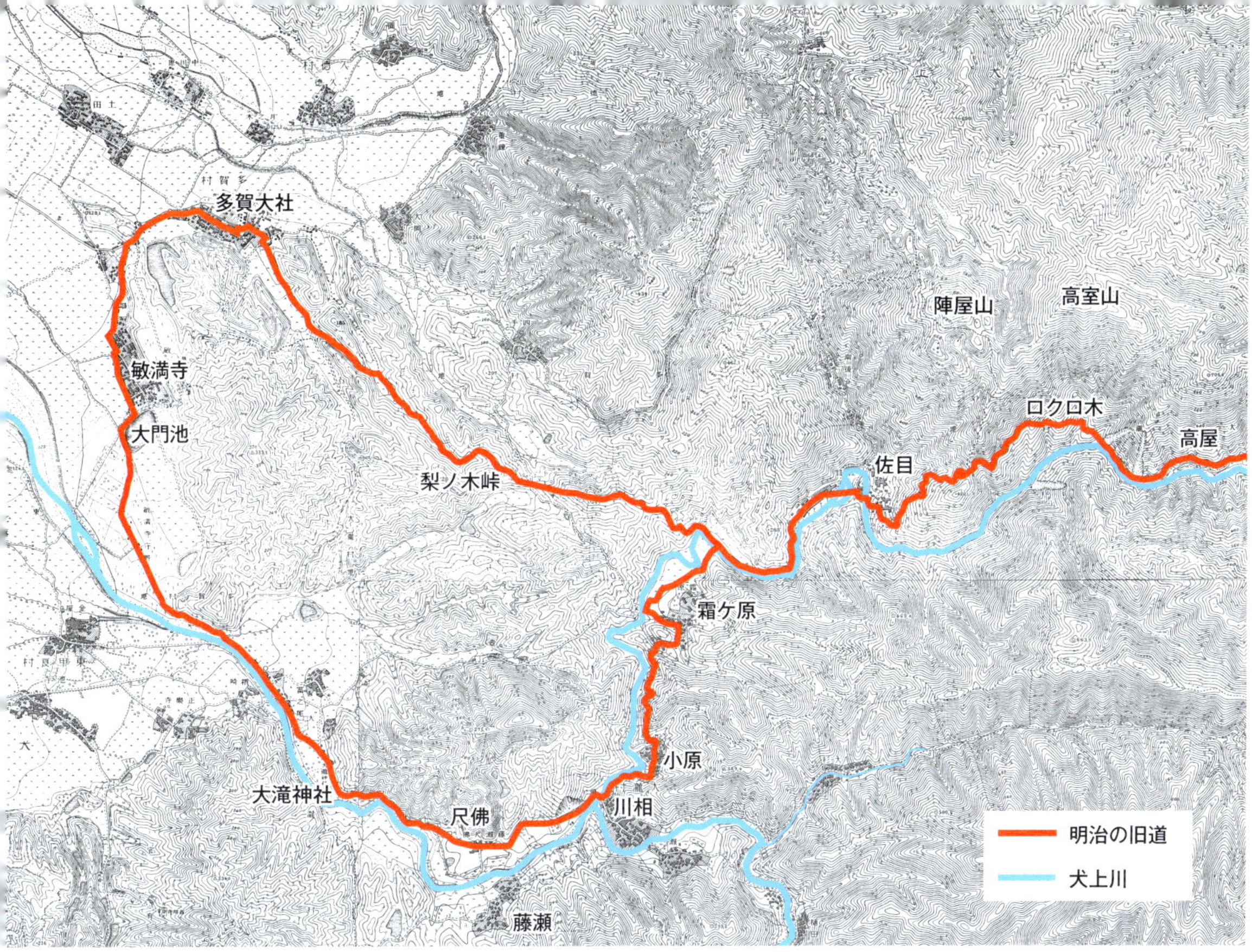

4-15 佐目から多賀大社（明治28年発行／大日本帝国陸地測量部）

4-17 十二相神社の横から山道が続く。途中までは辿れる

4-16 十二相神社

賀まつり」がある。往時多くの参拝者で峠越えも賑わったことであろう。

明治36年以前の旧道は、大君ケ畑洞門出口辺りから、佐目トンネルの北、十二相神社まで急な山道が続いている。この山道を含め梨ノ木峠を越え多賀までの道は、当時幅1mほどであったため、明治30年から6年かけて、大君ケ畑、佐目、南後谷の3地区が資金を出し合い、車（荷車）の通れる2m幅に道を広げたという。

惟喬親王が雪道で迷わぬよう目印のためにお手植えされたというロクロ木中腹のケヤキの大木数百本は、この時伐採し、工事の資金となった。川沿いの旧国道はこの工事で新設されたようである。

昭和26年、自動車道に拡幅され、路線バスが大君ケ畑まで来るようになったのは昭和34年である。昭和45年国道となったものの、度重なる落石、通行止めのため、昭和61年にようやく大君ケ畑洞門、平成2年に佐目トンネルが開通した。川沿いの旧国道は、遊歩道「追憶の道」となった。

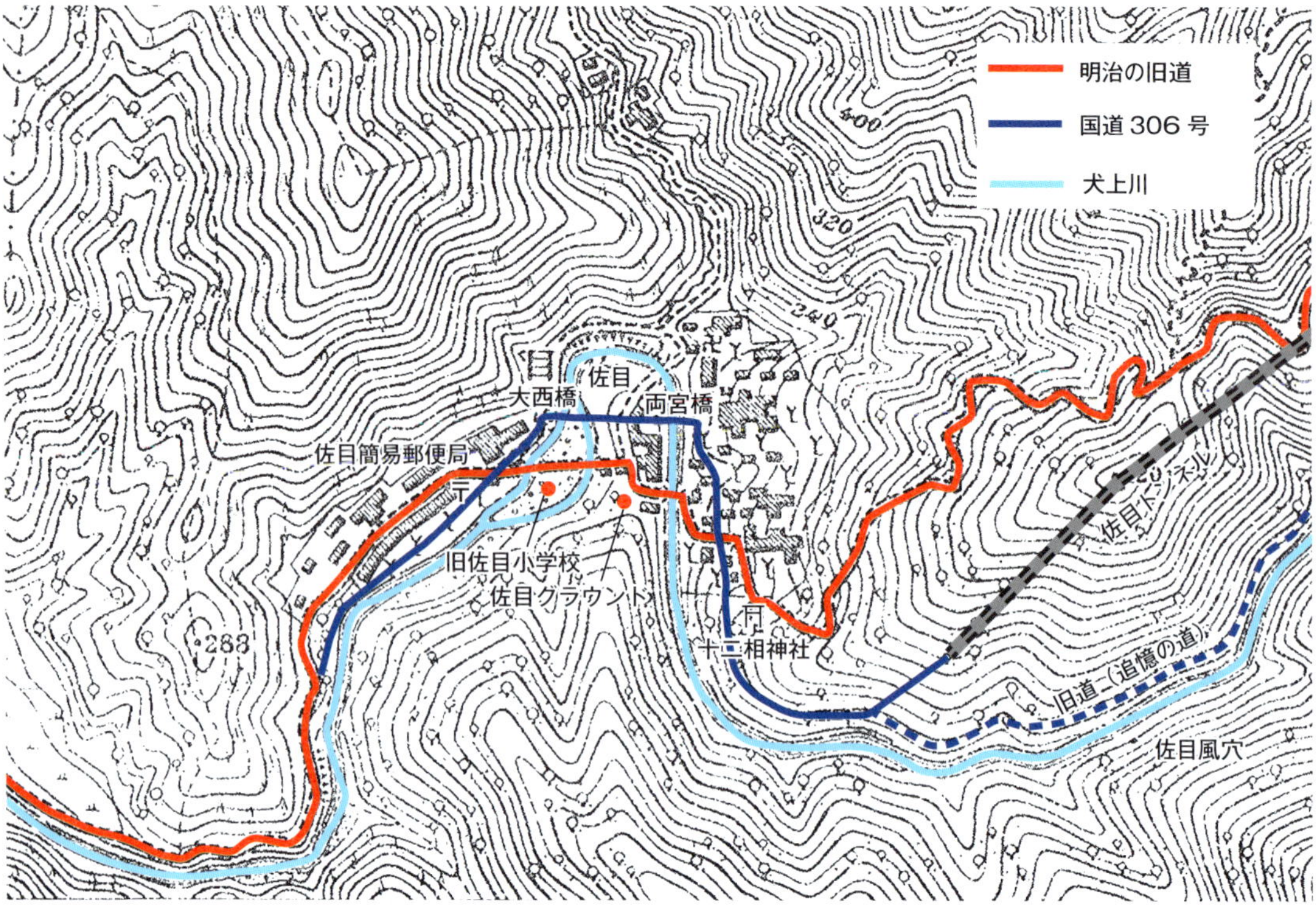

4-18 佐目の旧道（明治28年発行／大日本帝国陸地測量部）

4-19 途切れた旧道。中央の小屋奥が佐目グラウンド

4-20 両宮橋は昭和32年に架けられた

4-21 昭和34年に架けられた大西橋

佐目

佐目には昭和4年、縄文時代の土器が発掘された石灰洞窟（こうもり穴）が犬上川左岸の断崖にある。

佐目では石灰石の採掘も明治40年以降にはされていたようで、今も採石場やかつてのセメント工場の採石コンベアが道沿いにみられる。

それでは十二相神社前から旧道を辿ってみよう。参道を北に進み、国道と出会うあたりで西へ横切り、細い道に入る。右に折れ、左に折れて川に出る。橋がないので渡れないが、その先に道がある。西に進み、右折・左折するとまた川に出る。佐目グラウンドの北にあたる。

川西の旧道には、南に旧佐目小学校がある。現在は、多賀清流の里（特別養護老人ホーム）となっている。やがて国道に出るが、斜めに横切り旧道を進む。そのあと国道と合流する。

Ⅳ　佐目から多賀大社

佐目から多賀大社へは、国道306号が通じており、ほぼ旧道を通っている。

一方、犬上川沿いに霜ヶ原、小原、

4-24 佐目から梨ノ木峠の旧道（明治28年発行／大日本帝国陸地測量部）

4-22 川相橋からみた犬上川北谷

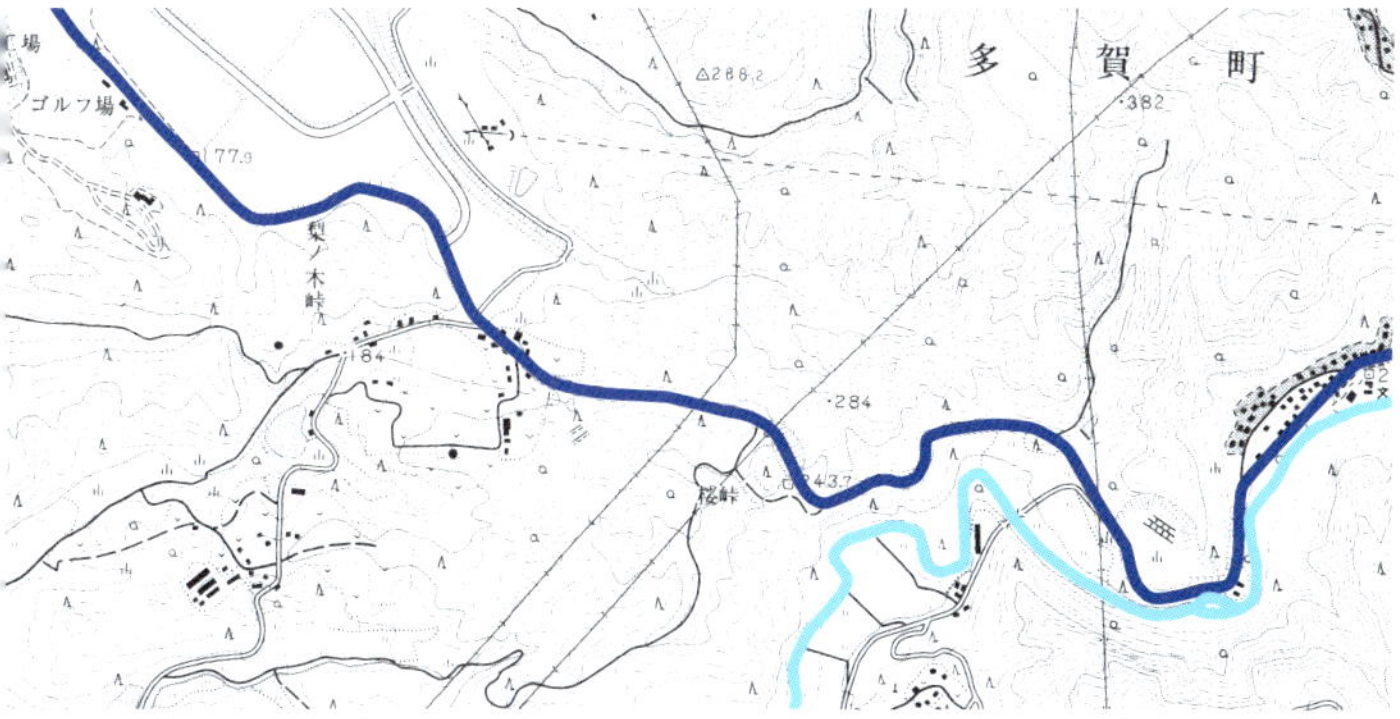

4-25 佐目から梨ノ木峠国道306号
（平成10年発行／国土地理院２万５千分の１地形図）

4-23 梨ノ木峠付近。左の地図で開墾された様子がわ

川相、富之尾、敏満寺を通り多賀大社へいく道もある。

梨ノ木峠コース

明治の旧道は佐目から犬上川の北岸を辿り、ホオン坂を登り、現在の桜峠より北に続いていた。国道306号の桜峠付近、南側に旧道が残っているが、これは平成になって付け替えられた国道306号の旧道である。

梨ノ木峠の南は、昭和27年梨ノ木開拓組合が結成され、大字富之尾小字梨ノ木・古屋寺・池谷・溜谷などにまたがる丘陵地を農地化しようと開拓が行われ、牛舎や牧草地となった。耕作予定地の半分以上が、クマザサや松の根株を掘り取る厳しい作業であったが、3年目にはスイカ約22500kgの収穫が得られた。

この開墾作業中に、奈良時代のものと推定される木炭槨《もくたんかく》（木棺を木炭で覆った形式の古墳）が発見された。

国道を進むと、アストロパーク天究館、ゴルフ場やダイニック滋賀工場、多賀海洋センターなどが建つ。やがて、多賀町役場前を通り多賀大社に到達する。

川相《かわない》コース

霜ヶ原バス停で南に折れ、霜ヶ原、小原を通り川相までほぼ県道34号が踏襲している。

江戸時代に斧、山刀など鍛冶が盛んだった小原では集落の中を南北に通るのが旧道で、県道と合流したところに一部廃道が残っている。

御池岳を水源として大君ケ畑、佐目を流れる犬上川の北谷と、永源寺日本コバを水源として犬上ダムに至り、萱原、樋田を流れる犬上川の南谷が出合う所が川相である。

川相は多賀町と合併するまでは大滝村の中心地として役場がおかれていた。

川相集落に入ったら右折し、川相橋を渡る。旧大滝中学校のあった地には現在川相出張所がある。すぐ道は2手に分かれ、左は県道226号だが右の道を進む。藤瀬もそのまま北の旧道を通ると、再び県道と合流する。

犬上川を下ると富之尾に大瀧神社がある。神社入口に「犬胴松」と呼ばれる大きな松の根があり、犬上郡の名前の由来が書かれている。この

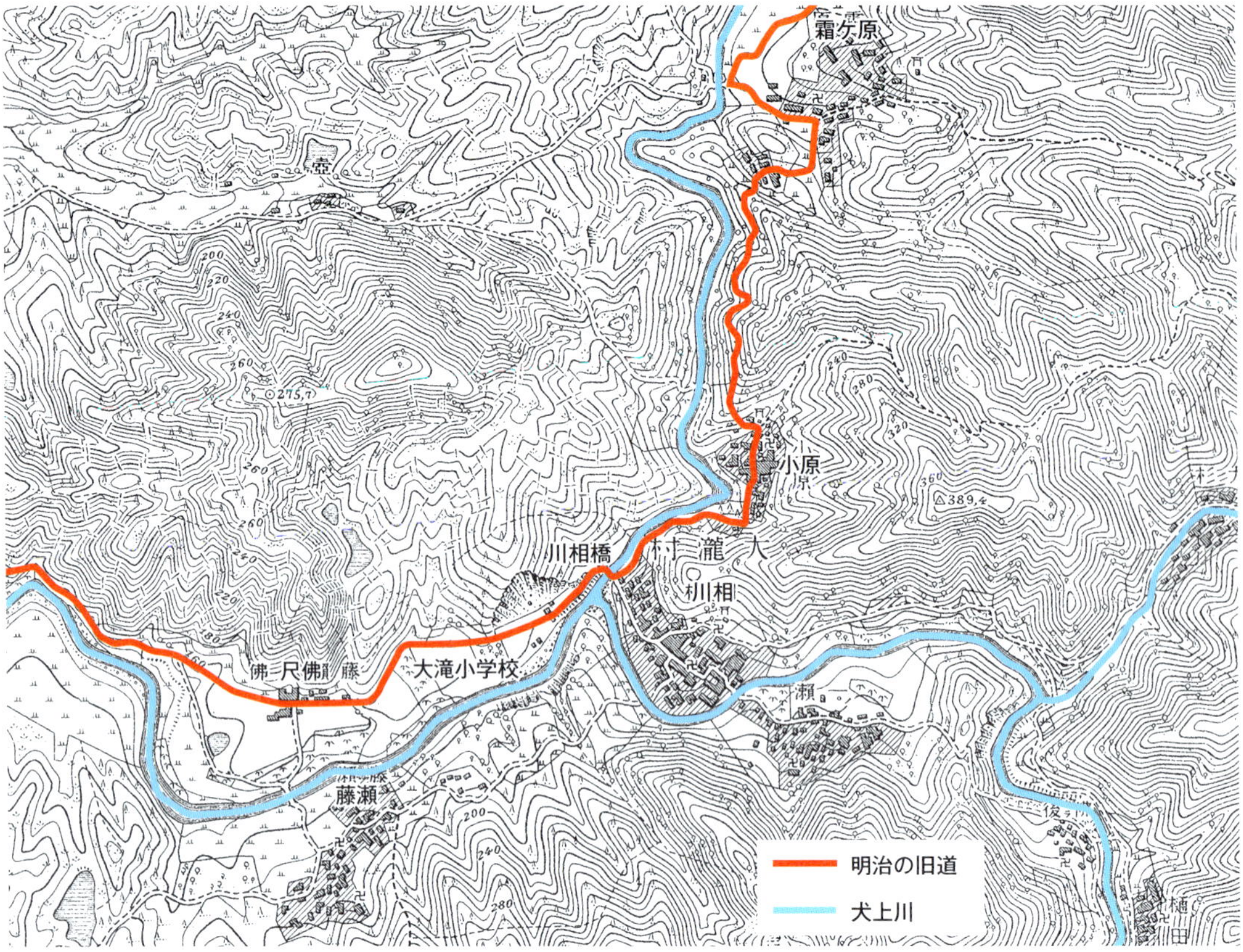

4-26 霜ケ原から藤瀬の旧道（明治28年発行／大日本帝国陸地測量部）

4-28 敏満寺公民館前に移された大門池横の道標

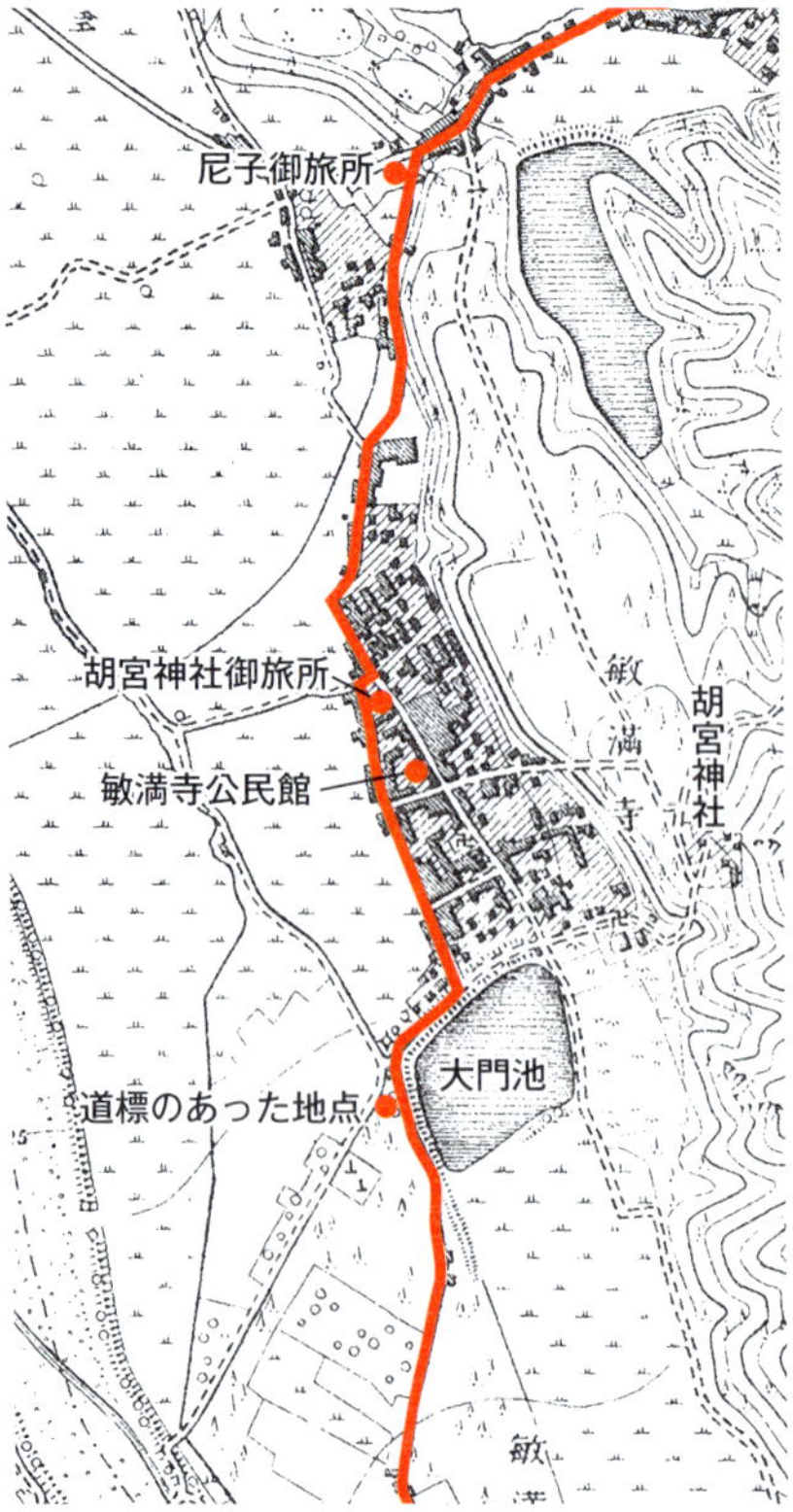

4-27 大門池から敏満寺の旧道
（明治28年発行／大日本帝国陸地測量部）

4-29 胡宮神社御旅所の道標

先から県道に沿うように、旧道が残っている。

青龍山の麓を通り、北へ進むと右手に大門池がある。この一帯は15世紀末頃廃寺となった敏満寺があったところで、天平勝宝3年（751）の近江国水沼村墾田地図（東大寺文書）に水沼《みぬま》池として描かれている。

大門池の角に「右　古のみやへ二丁／多賀道八丁」の道標があった。

この道標に従い、敏満寺中の信号を直進、すぐ右折して狭い道を進む。

敏満寺集落を北へ進むと右手に胡宮神社御旅所がある。角に「胡宮御旅所　右川相　左本社へ三丁」の道標がある。道標に従って左折し、さらに北へ歩けば、多賀本道尼子御旅所に出る。

5章 御代参街道 ―伊勢と多賀を結ぶ道

5-1 土山の起点

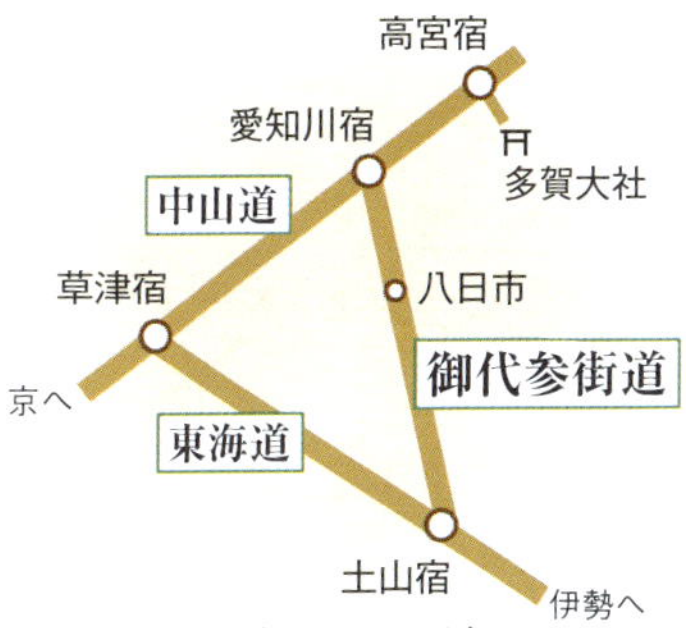

5-2 御代参街道のイメージ

5-3 御代参街道起点
写真下東西を走るのが国道１号。旧東海道の一部が国道と重なっているのがよくわかる

琵琶湖の東（湖東地域）に「御代《ごだい》参《さん》街道」といわれる古くからの重要な道がある。

寛永17年（１６４０）、徳川3代将軍家光の乳母として勢力を振るった春日局《かすがのつぼね》が上洛の途中、伊勢から多賀への参詣にあたってこの道が整備された。

春日局は、東海道土山宿から笹尾峠を越え鎌掛《かいがけ》に出、日野・八日市・中山道愛知川《えちがわ》宿を経て、高宮宿より多賀大社に詣でた。

東海道を草津宿まで行き、そこから中山道を高宮宿まで行くよりは、八日市を通るほうが近い。このように「御代参街道」は東海道と中山道を結ぶバイパスとしての性格を持っていた。

また延宝6年（１６７８）、藤沢（現神奈川県藤沢市）の清浄光寺遊行《しょうじょうこうじゆぎょう》上人《しょうにん》の通行を機会に、街道筋の鎌掛・岡本（石原と半宿）・八日市の村が人馬継立を行なう宿として指定され、助郷の制度が適用された。

江戸時代、朝廷が毎年の1月・5月・9月に伊勢神宮と多賀大社へ名代（代参）を派遣する習わしがあった。

京都から多賀大社に参拝し、その後伊勢神宮に向かうが、この道を利用したことから「御代参街道」と呼ばれるようになった。ただ「御代参街道」という名称が使われるのは、明治時代（または幕末）からだというのが定説である。

「お伊勢参らばお多賀へ参れ、お伊勢お多賀の子でござる」とうたわれ、この道は庶民の伊勢参り・多賀参りに利用された信仰の道であった。

また、日野・八日市・五個荘など近江商人の発祥の地が連なり、商人の道でもあった。

寛政9年（１７９７）に京都で刊行された『伊勢参宮名所図会』には「土山駅　西の入口に多賀道の標石あり」と書かれている。

また、「坂はてるてる鈴鹿は曇る間《あい》の土山あめがふる」の鈴鹿馬子唄とともに、雨の中を急ぐ旅人の姿が描かれている。

絵の中の道標には「北国多賀道分」と記されていて、この道は北国

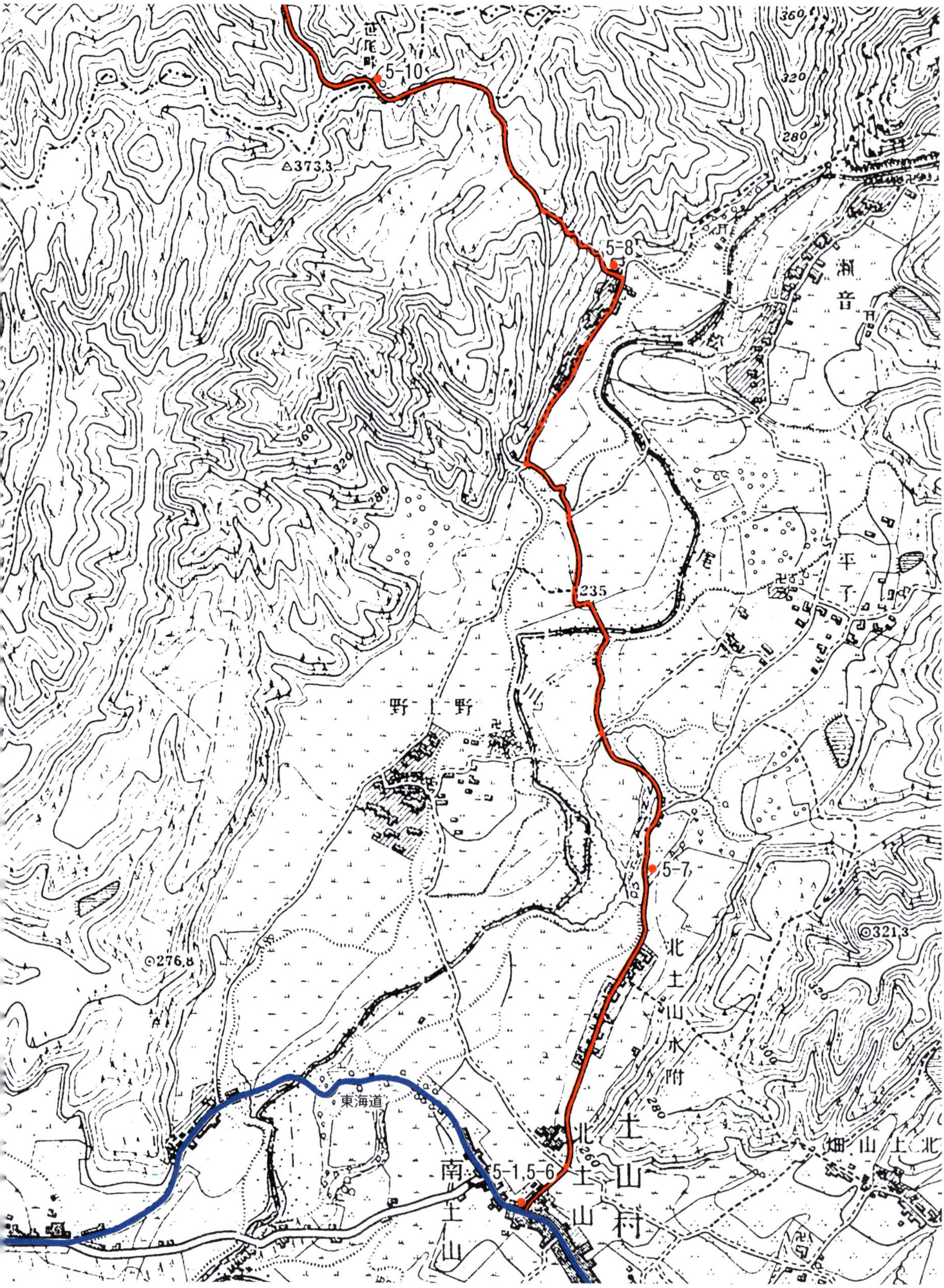

5-4 御代参街道「土山～笹尾峠」（明治27年発行／大日本帝国陸地測量部）

5-6 御代参街道起点の道標

「右北国たが街道ひの八まんみち」（中井氏建立　文化４年 1807）と「瑞石山永源寺　たかのよつぎかんおんみち」（天明８年 1788）の２本の道標がある

5-5 雨の土山『伊勢参宮名所図会』より

図中の石標の横に「北国多賀道分」と記されている

5-7 水月老人憩の家　道標

への道でもあった。一方、北国の人々にとっては伊勢参宮の道にもなっていた。

I　土山から笹尾峠へ

土山宿

土山は、東海道49番目の宿で、伊勢国（三重県）から鈴鹿峠を越え近江国（滋賀県）に入った最初の宿場である。

東海道の中でも箱根に次ぐ難所とされた鈴鹿峠に、旅人は大変苦労をした。「万人講常夜燈」が国道1号鈴鹿トンネル入口の真上に建っている。正徳年間（1711〜15）に、金毘羅参りの講中が航海と道中の安全を願って、地元山中村をはじめ坂下宿や甲賀谷の人々の奉仕によって建立されたと伝えられる。

また、坂上田村麻呂、嵯峨天皇、倭姫命《やまとひめのみこと》を祀り、平安時代の光仁3年（812）に創建されたと伝えられる田村神社がある。「厄除けの田村さん」として親しまれ、毎年2月17日から19日にかけて行われる厄除け祭には多くの人が訪れる。

土山宿には、本陣跡が保存されており、東海道伝馬館では土山宿・伝馬に関する資料を展示している。

分岐点から笹尾峠

東海道（国道1号）と御代参街道の分岐点には、2本の道標が建つ。そのうちの1本には「右　北国たが街道　ひの八まんみち」と刻まれている。文化4年（1807）に中井氏が建立した。この地点が『伊勢参宮名所図会』に描かれた地点である。

その傍らに天明8年（1788）建立の「たかのよつぎかんおんみち」の道標がある。臨済宗永源寺（東近江市永源寺高野町）への道を示しており、本尊は「世継観音」で、紅葉の名所としても知られる。

ここから石原までには、途中「御代参街道浪漫の会」の案内板もあり、それをたどりながら進むとよい。

さて、東海道から御代参街道を進み、しばらく行くと「水月老人憩いの家」の前に「右青土平子音羽野大師道／左鎌掛日野多賀　願主石房」と書かれた道標がある。

右の大きな新道を行かず、左の細い旧道を進む。

なお、右への新道を少し進むと左折するが、その角に「右篠山　左音

5-8　一之瀬の道標

「右ハ山み　左多」とあるが、「左多加」と刻まれていると思われる

5-9　瀬音（一之瀬）の上がり口

道標（5-8）のある細い道から笹尾峠に上がる。御代参街道浪漫の会が設置した案内板は石原まで続いている

5-10　笹尾峠の板碑

明応９年（1500）年の造立で山伏が通行する際には関銭を支払わなくてもよいとのことを書き込まれている

羽ノ青土　大師／セワ東六／玉井きく仝さく」の道標がある。

旧道をしばらく進むと新道に出るが、平成5年に作られた「御代参橋」で野洲川を渡る。右側に「春寒ミまた若草ハもえねともおほろに見ゆる月の輪乃芝」の歌碑が建っている。笹尾峠から移設されたものである。

新道は左に進むが、右の険しい旧道を進むと、「緑が丘ファイブ」という住宅地の入口に出る。

その入口を少し上がった所にも句碑が建っている。これも笹尾峠にあったものを移したようである。「涼しさの処得たればはや不足　虚白」

この広大な住宅地には、家がほとんど建っていない。

本来の道は住宅地の入口に行かずに右折し、一之瀬（西瀬音）の集落の中を進む。東側に新道ができているが、旧道を進み、新道にでる手前のT字路を左折する。

その左角に「右ハ山み／左多」という道標があり、刻まれている内容から、向かって右側にあったと考えられる。「左多加」と書かれていると思われ、この道が「多賀道」であることを示している。

同じところに「右音羽　青土」の道標もあり、そこから険しい道を登るが、その先の道は消えている。

先ほどの住宅地入口から上がると、左側の奥から笹尾峠に通じている。しかし途中からは、徒歩でしか行けない。

笹尾峠には不動一尊種子板碑が建っている。峠付近に関所があり、山伏が役行者《えんのぎょうじゃ》の旧例にならいこの地を自由に通行できるとの執達状《しったつじょう》を刻み込んで建てたと言われている。明応9年（1500）とあることから、中世においてもこの道が広く利用されていたことを示している。

Ⅱ　日野・蒲生

鎌掛から上野田へ

笹尾峠から鎌掛（日野町）へ下りてきたところに「右前野　左土山道」の道標がある。笹尾峠からの道は廃道に近い状態であるが、このY字路を道標に導かれて右に行くと、山林の中を通り、国道1号前野に出られる。

鎌掛は宿場町であった。「当村之義は右土山駅より中仙道愛知川宿ま

5-11 鎌掛旧道

左へ入るのが旧道

5-12 鎌掛道標

5-13 寺尻地蔵堂

5-14 バス停「伊勢道」

で北国街道安土越と中道筋、ならびに伊勢多賀参宮の往還に御座候…」(『近江蒲生郡志』)と書かれた鎌掛文書が残されており、当時の賑わいが読み取れる。

鎌掛集落に入る前に広い道と交差する。右に行くと、藤の花で有名な正法寺やしゃくなげの群生地に行ける。交差点角に「三本松の地蔵」が祀られている。

鎌掛第四区会議所の前に「加ハらくちばし」の石柱が建つが、旧河原口橋の欄干支柱と思われる。

集落の中心のT字路には「右土山町ニ至ル　左村役場石楠花谷道」(昭和12年)の道標が建つ。

街並みを過ぎると、左手に地蔵堂があり、そこに「右　いせみ(ち)」の小さな道標がある。左に入る道が旧道で、右は「新御代参街道」である。旧道を少し行くと、「右た加北国」と刻まれた小さな道標が建っている。旧道は右に折れ日野川に沿って進む。須原橋を越えるが、その後は一部通行止めになっている。

寺尻に地蔵堂があり、その脇に「右長徳寺百くわん音へ一丁　ひのかち道/左たが北国道」の道標がある。文化4年(1807)に日野の豪商・中井氏が建てたもので、この付近は「茶屋まち」とよばれていて、街道を往来する人々のための茶店が多くあったといわれている。

木津を通り、グリーンバイパスと国道307号を横断して上野田《こうずけだ》に向かうが、このあたりも廃道になっている。

上野田のバス停「伊勢道」の角に大きな常夜燈があり、「右いせミち」と彫られている。文化9年(1812)に建てられた。

正面に「左ひの馬見岡神社二十丁　山王宮十丁　いせ道へ通りぬけ」、側面に「右いセみち」と刻まれた道標もある。文化4年に中井氏が建てた板碑型の道標で、その他付近に「右ハいせ　左ハひの」、「たが(北)」の道標も残っている。

新御代参街道

前述の鎌掛地蔵堂から小井口を通り、大窪町の大聖寺のところを左折して進むと、上野田のバス停で旧道と出会う。この道は、明治25年に改修され、「新御代参街道」として使用されてきた。

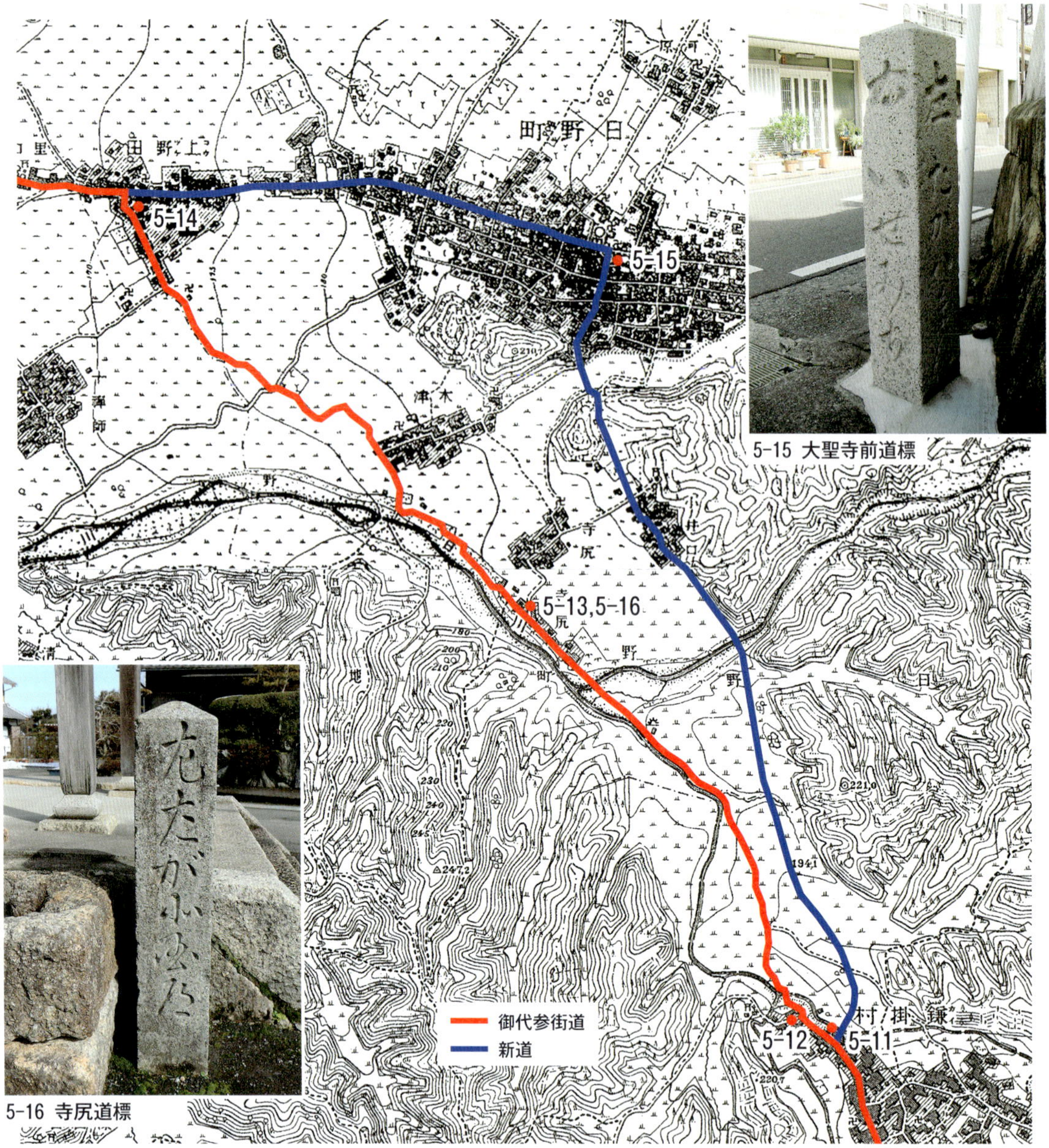

5-15 大聖寺前道標

5-16 寺尻道標

5-17 御代参街道「鎌掛～上野田」（明治27年発行／大日本帝国陸地測量部）

　鎌掛かやの森前には「右御代参街道　左石楠木谷」（昭和3年）と刻まれた道標もあり、日野川に架かる橋も「御代参橋」と名付けられている。

　大窪町の大聖寺の角に「左たか八まん／右いせみち外宮江二十二里／左ちやうせんあん　いせこもの」という明治26年に建てられた道標が平成26年に再建された。以前は庫裡の庭園に保管されていた。

　国道307号との交差点北西角に「右いせ道　左仁正寺」などと書かれた自然石の道標がある。

　上野田のバス停を通り、西に進む。

内池から石原

　内池の交差点に「左いせミち　右た加北国道」という道標がある。

　2面に行き先が書かれている道標では、普通は向かって右に「右」、左に「左」と刻まれている。ところがこの道標は、それが逆になっている「左—右」型。少数派ではあるが、県内では10本は見つけている。

　左手に内池郵便局があり、そこを右折する。以前は右手角にあった。

　内池から小御門《こみかど》に向かうが、集落

5-19 内池道標（「左―右」型道標）

5-21 石原道鏡

5-20 ステーション道標

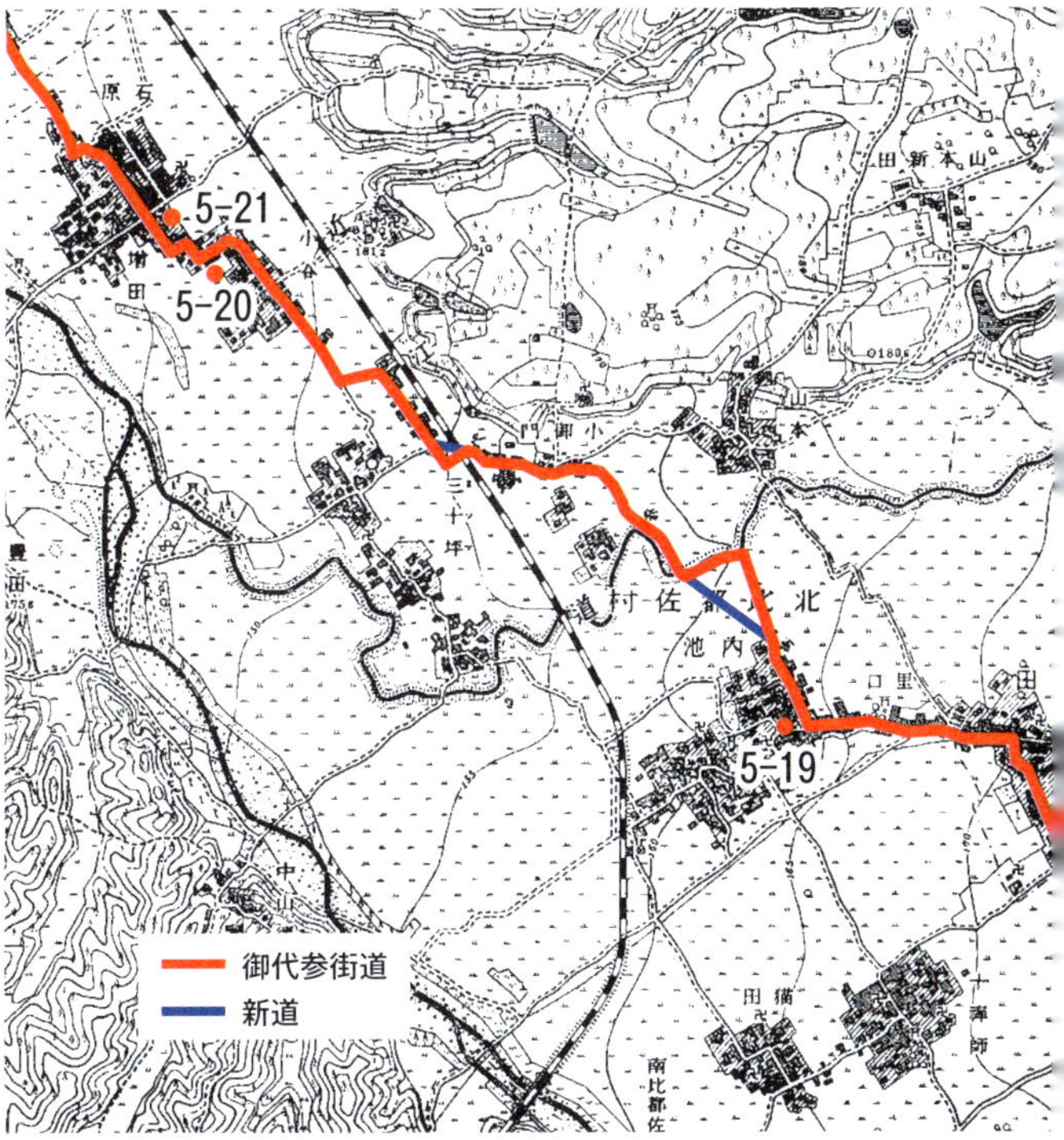

5-18 御代参街道「上野田～石原」
（明治27年発行／大日本帝国陸地測量部）

を越え川までに道は、明治初期に改修された様である。「測量部地図」には載っていないが、古地図には川に沿った道が描かれている。

国道４７７号と出会うが、国道を越えて旧道に入る。そこにあった道標「ひだりいせみち」は、「小御門老人憩の家」の角に移動されていたが、最近近江鉄道の踏切近くに移された。

小御門を通り三十坪《みそつ》に入るが、「測量部地図」にある近江鉄道を斜めに渡る道は、元は直角に折れていた。

国道に出る南東の角には「右ステーション道／左ひの道」がある。

ステーションとは近江鉄道日野駅を指しているので、この道標は駅が出来た明治33年以降のものだと考えられる。

石原には「従是　高の永げんじ并佐くら谷」や「左いせミち」の道標がある。

そのあと御代参街道は石原と増田の境界を通り、旧蒲生町（東近江市）に入る。

旧蒲生町

鋳物師《いもじ》と岡本の境界付近には旧道があった。今も鋳物師診療所やＪＡの西側に残っている。「測量部地図」には、その道は描かれていないが学校の記号が記されており、鋳物師や岡本の古地図で分かる。

岡本宿は半宿で、日野の石原宿と二宿でひとつの宿場になっていた。

しばらく行くと「右水口いがミち左いセミち」の道標があり、左へ行くのが京街道である。

近くに高木神社がある。旧麻生庄の総社で、本殿は重要文化財。正和4年（１３１５）の石灯籠（重要文化財）がある。ケンケト祭りが有名である。

しばらく行くと「ガリ版伝承館」が左手に見える。謄写版で有名な堀井家の洋館を改装し、資料館としたものである。御代参街道はその手前を右に折れる。

その北東の角に「右たかみち／左八まん道」の道標がある。まっすぐ行く道は市子松井、川合を経て八幡に通じている。

実はこの道標は不思議な道標である。裏側には「右ハ八日市／左ハ八まん」とある。字体や「ハ」の使用を考えると、この2面は新しく彫ら

5-23 岡本4面の道標

5-22 いが道道標

5-24 三渓園に移動した道標

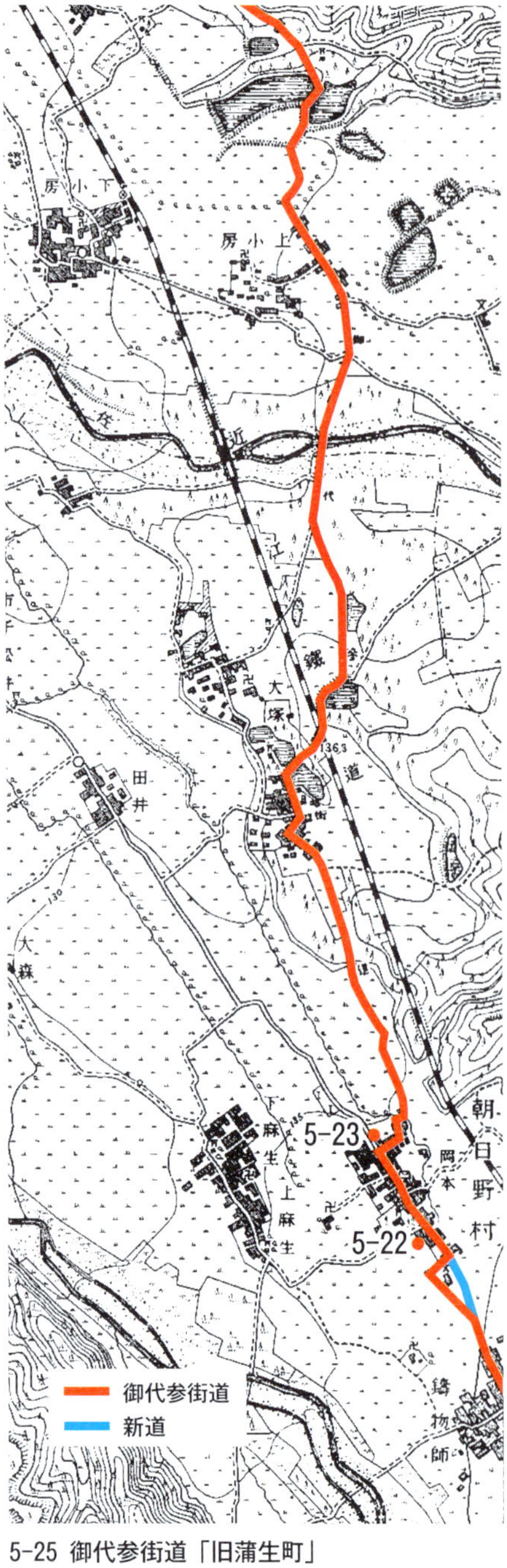

5-25 御代参街道「旧蒲生町」
（明治28年発行／大日本帝国陸地測量部）

れ、八日市を示すのに180度回転したのではないだろうか。現在はまた元に戻したと考えると納得がゆく。

岡本から大塚へ抜けるが、新しい川に沿って新しい道がついている。大塚の中の旧道を通り、近江鉄道の小さな踏切（朝日大塚駅南）を渡り掛出溜に出る。溜のほとりに「右寺村カバタ道／左上小房八日市道」の道標が建っている。

掛出溜を左折し新しい道に出るが、旧道は少し西にあった。しばらく行って左久良川を渡る。

このあたりに、現在は横浜三渓園にある「右　さくら谷いしわら道／左　多賀八日市道」が建っていたと考えられている。

旧道は桜川東の集落の中を通り、栩原《とちはら》神社の前に出る。現在は新道が出来ている。

恵比須神社（川合畑田）の境内に「右たか八日市　左むさ八まん」と書かれた嘉永2年（1849）の自然石の道標が移設されている。以前は「御代参街道」沿いにあり、畑田からの道との合流点に建っていた。

5-26 蛇溝の道標

5-27 常夜燈型道標

移動している

5-28 中野神社内の道標

他にも道標が移設されている

Ⅲ 八日市

蛇溝から中野へ

旧八日市市の蛇溝に入り、京セラ八日市工場、三光合成の前を通る。蛇溝にも多くの道標が建っている。

子安地蔵堂には弘化2年（1845）の道標「右いせひのミな口道／左いしとうさくら谷みち」が移されている。

次の交差点北西に、「右たか社八日市道／左西京八まん道」の道標（明治27年 1894）が建っているが、子安地蔵前に移された道標と相対していたと考えられる。このあたりには、布引運動公園やびわこ学院大学などがあり、開発が進んでいる。

布引団地を越え、「見返り稲荷神社」と道路を挟んだ反対側に「右たか加八日市　左むさ八まん　道」と彫られた常夜燈型の道標が建っている。弘化2年に建てられたもので移動している。傍らにある看板には元の位置が説明してある。

今堀に入ると、玉緒街道（市原道）との分岐点に「右玉緒市原道／左八日市飛行場太郎坊多賀道」の道標がある。昭和5年のものである。

ここを東に入った所に日吉神社がある。この神社に保存されていた中世の文書は、「今堀日吉神社文書」として重要文化財に指定されていて、中世商業史研究には欠かせない史料群となっている。

また、今堀と今崎の境界である蛇砂川沿いに「従是いせ山田江廿五里」（安政5年1858）と彫られた石灯籠がある。

中野に入り、しばらく行くと四辻に出る。交差する道は畑街道とよばれ、小脇《おわき》町四辻から中野を通り沖野を横切り札の辻（野村町）に出て、八風街道に合流している。

北東角の奥出酒店の場所はもと高札場であったと言われている。この角に「右永源寺道／左た加ミち」、向かいの南西の角に「右京武佐道／左いせミち」の道標が建っている。共に享和3年（1803）に建てられており、現在は中野神社に移され保存されている。

畑街道は八風街道の間道と言われているが、道標に「永源寺」と刻まれていること、小脇四辻の道標にも「高野永源寺」と刻まれていること、江戸期の「近江国絵図」にもこの道

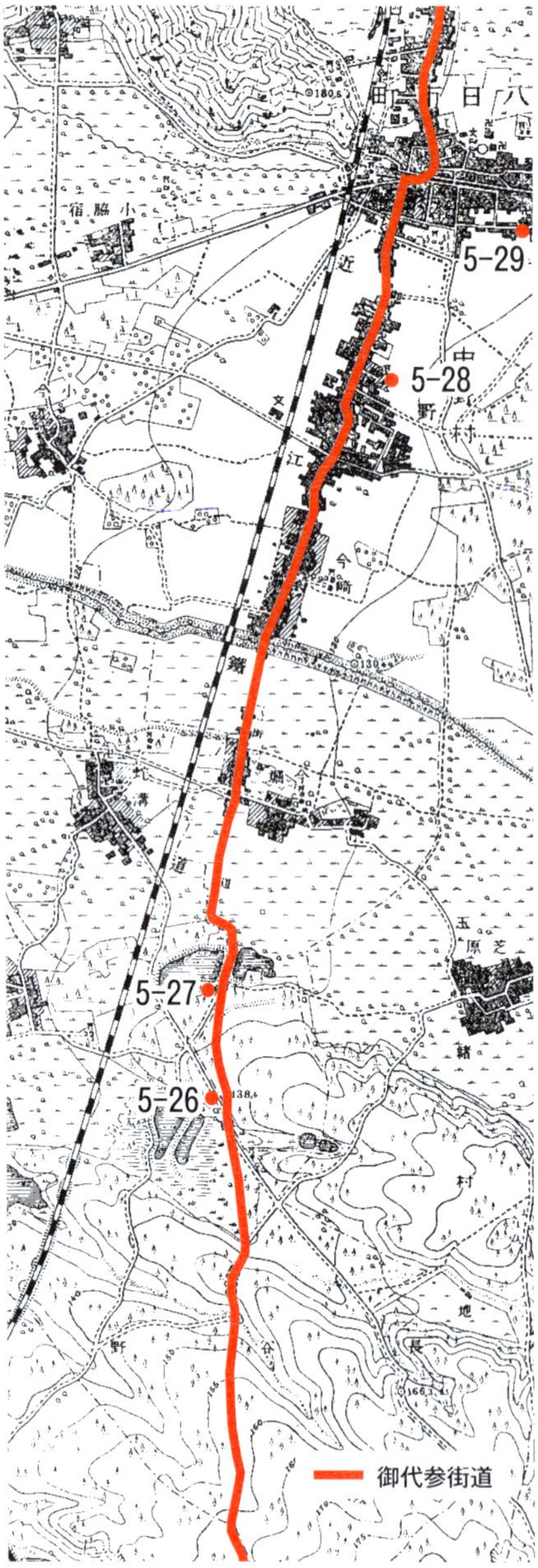

5-30 御代参街道「蛇溝～八日市」（明治28年発行／大日本帝国陸地測量部）

5-29 金念寺の道標

が大きく描かれることから、八風街道の原型ではないかと考えている。八風街道中野コースと名付けておきたい。

旧八日市町

国道421号を越えると、東側に笠屋地蔵堂（栄町）があるが、その前に簡易常夜燈型の道標が建つ。「左たか道／右伊勢道」で「左―右」型。

さらに進んで八風街道と交差する南西の角に「右京むさ八まん道　左いせひ乃みな口道　右多賀ゑち川ひこね道」（文政9年　1826）の道標が建っている。「親玉」の前である。

八日市は神埼・蒲生郡境に形成された古代以来の市場である。

昭和9年筏川《いかだがわ》に蓋をしたときに今の金屋通りは広くなった。筏川にかかる金屋大橋のふもとに道標があった。「右ごちによらい／左北国たか道／右いせみち」とあり、現在は金念寺（金屋二丁目）に移されている。

Ⅳ 八日市と中山道を結ぶ3ルート

さて、八日市から中山道へ通じる道だが、実は建部日吉から3ルートがあった。

これまでの記述と道順が逆になるが、中山道から建部日吉につながる道を辿ってみる。

小幡ルート（新・旧）

「御代参街道」が中山道から分岐する地点は、小幡《おばた》（東近江市五個荘小幡町）であるというのが一般的である。

近江鉄道五箇荘駅から中山道に接続する道の角に「右京みち／左いせひの八日市みち」と2面に刻ま

5-31 小幡新ルートの起点と享保の道標

5-33 奥村神社道標

5-32 小幡旧ルート起点

れた道標が建っている。享保3年（1718）の建立である。

また「右西京道／左八日市い勢道」の道標が、近くの小幡公会堂に移設されている。

「測量部地図」には、中山道から小幡・奥・下野・上日吉（建部日吉）を通り八日市へ進む道が二重線で描かれていて、「御代参街道」という表記もある。

ところが、明治6年9月の「小幡村地券取調総絵図」を見ると、現在の場所ではなく、もう少し北で道が分かれている。

前田谿澗堂《けいかんどう》の前を東に向かう細い道で、これが小幡旧ルートである。なお、今の道は、「総地図」に後から赤線で描き加えてある。

愛知川がよく氾濫し道が荒れているので「街道の付け替えを願い出た」という古文書が地元に残されており、新しい道ができたときに道標も移動されたようである。

旧道を進むと左側に厳島神社があり、敷地内には「八九間空で雨降る柳かな」という芭蕉の句碑が建っている。その後、県道に出るが旧道は消えてしまう。

奥村神社（東近江市五個荘奥町）には社務所の植え込みに「すぐいせ八日市道／すぐたがゑち川道」と表裏に刻まれた道標がある。かつては近くの辻に建っていたのであろう。

東に県道が出来ているが、しばらく旧道を進む。建部下野に入り、県道に合流する。旧道は下野集落内で少し県道から離れまた合流する。

下野には、那須与一の7人の子供が建立した「近江七弘誓寺」の一つがある。

下野の大塚で南に折れるが、そこには一部旧道が残っている。空也堂の前あたりで西に折れ建部日吉に入る。

日吉神社の前を通り、金賞寺の前を通る。四辻に出るが、後述する新堂ルートと合流する。そこに「右ハいせみち」の道標がある。

なお、「日吉村と伊野部村・平坂村・木流村・下野村四か村相論山川筋田地井溜絵図」（貞享5年　1668）を見ると少し状況が異なる。

下野からの道は、大塚で南に折れずに吉住池までまっすぐ進み、新堂ルートと合流して日吉に入る道が描かれている。しかも、そこに「北国

5-34 建部日吉の道標

街道いせ道」の張り紙がしてある。したがって、そのルートが古いのではないかと考えている。

日吉神社はもと日吉山王権現と称した。旧建部郷17箇村の総社として崇敬されてきた。建部まつりは17箇村の合同例祭として行われる。

また、金賞寺境内に「横内平翁碑」があるが、その礎石に「右ゑちかわみち」の道標が使われている。

その後愛知川ルートと合流し、浜野に入る。平和堂アピアを東に見て駅前道りを越える。本町商店街（アーケード街）を通るが、かつては非常に賑わっていた。

八風街道（金屋大道り）に出て右折して、前述した「親玉」の前の道標の所を左折する。

新堂ルート

中山道の三俣《みつまた》（東近江市五個荘三俣町）と新堂（同新堂町）の境界に東へ入る道がある。松本木材店の北側で、今は廃道になっていて木材店の南に新道が出来ている。

ここに「右京道　左いせひの八日市」とかかれた天保15年（１８４４）の常夜燈が建っている。（新道になったとき常夜燈も移設された）

この道については江戸幕府が文化3年（１８０６）に作成した『中山道分間延絵図』に描かれており、「伊勢路　道法廿六里　八日市村江一里日野江五里」と記されている。

新堂の集落に入る道は改修されているが、集落内には旧道が残っている。

円光寺の角に「左いせ道　同八日市」の道標がある。そこを左に曲がり若宮神社の横を通る。右の角に地

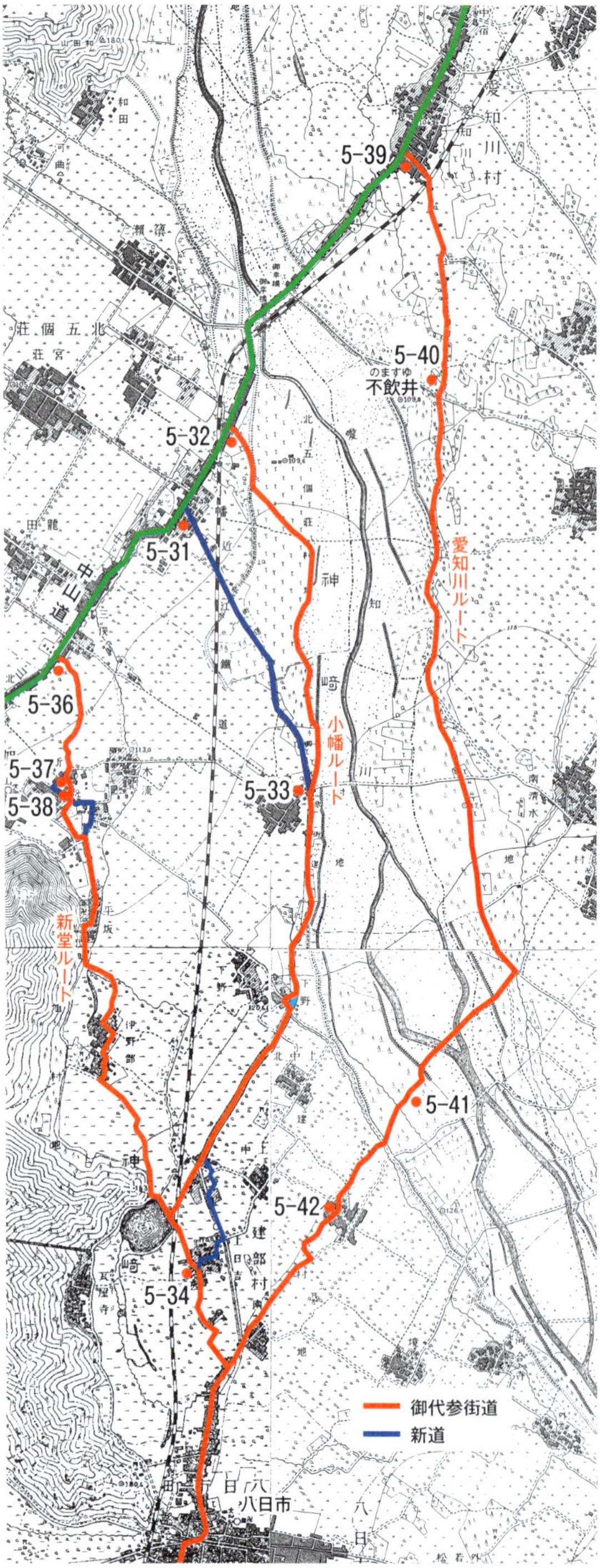

5-35 御代参街道「中山道～八日市」
（明治28年発行／大日本帝国陸地測量部）

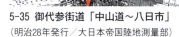

5-38 地蔵堂前の道標

5-37 円光寺立法型道標

5-36 新堂の常夜燈型道標

蔵堂があり、その前に「右ゑち川たか道　左むさ八まん道」(宝暦9年1759)と刻まれた道標がある。旧道は「測量部地図」とは少し異なると考えられる。

その後、木流・山本の境界を通り平阪に入る。平阪の集落には旧道が残るが、途中で右折・左折する。

伊野部に入って、旧道は大同川に沿って西に向かう。その道は廃道になっている。

伊野部の集落内は旧道が残る。正福寺の前を通り建部神社の鳥居前に出る。

正福寺の境内に「左いせ」と彫られた手水鉢がある。以前は、吉住池近くの山際にある磨崖地蔵の前に置かれていたと言われている。

そのあと、吉住池を右に見て建部日吉に入る。

愛知川ルート

中山道愛知川宿(愛荘町愛知川)の中ほどより南に行ったところで東に入る道がある。角には「小松屋」という菓子店があった。この道は小自治区「本町」と「伊勢町」の境界にもなっている。

東海道新幹線をくぐり、不飲井《のまずゆ》に出る。愛知川の堤防沿いに東円堂・南清水・大清水を通り、小田苅《こたかり》の極楽橋の交差点に出る。

極楽橋から対岸の建部北に渡ると「河辺いきものの森」があり、そこには「左ゑち川」という自然石の道標がある。現在は少し上《かみ》にある八千代橋で渡る。

山王神社の前を通り、建部北の集落に入る。吉祥院の前にも「いせみちみきへ」の道標があり、建部南を通り建部日吉に進む。

◇

この道は「測量部地図」にも載っているが、江戸期の『近江国絵図』に大きく描かれている。

愛知川に残る古文書には、彦根藩2代藩主井伊直孝が愛知川宿で東に折れ、土山へ向かった話が記述されている。

それによると、愛知川宿には三吉という者がいて、彼の持ち馬「小春」が非常に速く走り、乗り心地もよいので、直孝はその馬に乗り参宮したとある。

徳川家光が疱瘡を患ったので、直孝が代参で伊勢神宮へ平癒祈願に

5-42 吉祥院前道標

5-41 河辺いきものの森

5-39 愛知川ルート起点、小松屋角

5-40 不飲井

行った寛永期（1624～43）の話と思われる。そのとき庄屋などが「野間津」まで見送ったとある。（図録「中山道愛知川宿」愛荘町立歴史文化博物館）参照。

◇

さて、小幡・新堂・愛知川からの3つのルートを考えたが、それらは建部日吉で出合い、浜野を通って八日市に進む。中山道から八日市へ行くのに1本の道ではなく「伊勢道」として併存していたと考えればいいのだろう。

ただ、『国絵図』や古文書が示す「野間津」についての内容から、愛知川ルートが御代参街道の原型ではないかと考えている。

コラム 道標の表示と建つ位置

道標の2つの面に行き先が書かれている場合、展開してみると向かって右に「右A」と書かれているのと、向かって右に「左A」と書かれているのがある。それぞれ簡単に「右—左」型と「左—右」型と呼ぶことにする。

「右—左」型では建立位置が一意的に決まる。しかし「左—右」は厳密な意味では決まらないが、AとBのなす角が180度より大きい側に建つ。

一般に「右—左」型が多いが、日野内池（P55）や八日市笠屋地蔵前の道標（P58）のように「左—右」型も県内には10本以上ある。多賀大社参道の道標（P9）もこの型である。

少し違和感があるが、慣れてくると楽しいものである。

◇

なお、3面に書かれている場合は、「右—左—右」型と「左—右—左」型が基本で、T字路のどの位置に、どの向きに建つか一意的に決まる。詳しくは、「私の道標論」（『愛荘町のみちしるべ』）を参照。

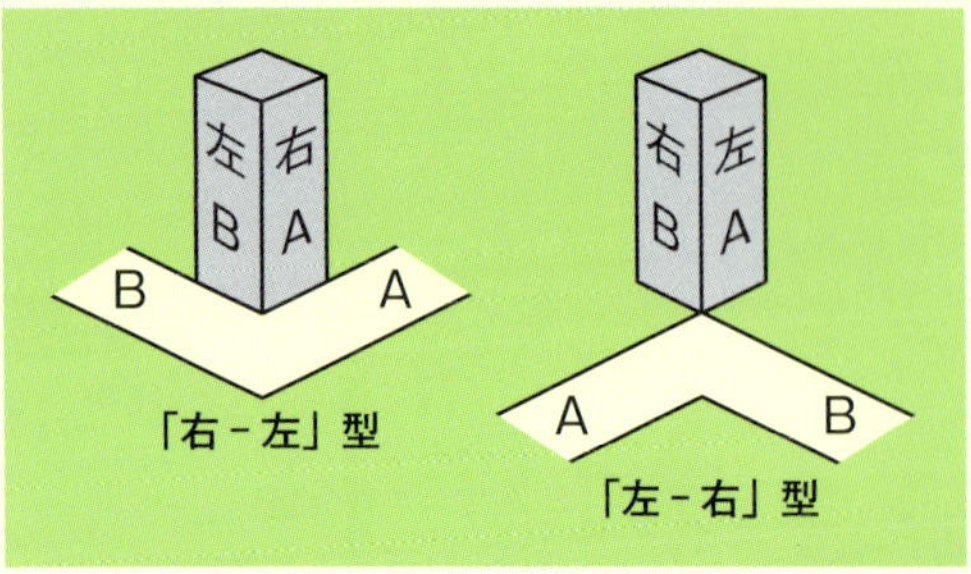

6-1 多賀大社全景

6章 多賀大社と信仰

Ⅰ 多賀大社の信仰

多賀大社は、滋賀県湖東平野の東部、彦根市の東にある犬上郡多賀町に位置する伊弉諾大神《いざなぎのおおかみ》・伊弉美大神《いざなみのおおかみ》を祭神として、延命長寿・縁結びの神様として知られ、「お多賀さん」と親しみを込められて呼ばれている。

いつごろから多賀大社がこの地に存在したのかはわからないが、奈良時代の歴史書「古事記」、平安時代の全国の神社名簿「延喜式神名帳」にもその名前が記されている。

鎌倉時代には、周辺地域の総鎮守となっていた。その後、室町時代には全国に知られるほど有名になり、多くの人から信仰されるようになっていった。全国に末社が約250社もあり、神社には多くの神話があり、信仰の歴史を物語る多くの史料が大切に伝承されている。

また、年間約160万人もの参拝者で賑わう神社である。

多賀大社の境内

鈴鹿山脈を背景にした多賀町は全体の8割が山間部であるが、中山道の高宮宿から近く、平野部の森の中に鎮座する古社とその信仰は脈々と続いている

しかし、境内は何度もの大火災等に見舞われ、古くからの建物は現存していない。江戸時代初頭、3代将軍家光の時代に幕府の支援で寛永の大造営が行われ、立派な建物が造られたが、その後2度の火災や台風により、境内にはほとんど建物がないような時期もあった。

今日、みることのできる境内のほとんどは、昭和7年に完成した昭和の大改修での造営である。

その後、増築や屋根の葺き替え等をおこなってきたが、傷みがみられるようになったので、「平成の大造営」が行われた。本殿・幣殿・拝殿・土塀の屋根が葺き替えられ、神楽殿が新築され、手水舎・儀式殿等が改修され平成19年に完成し、現在に至っている。

重源上人の寿命石

1180年に戦争で焼けた東大寺

6-2 **重源上人坐像**（東大寺の摸刻像／多賀町立博物館蔵）

6-3 **境内にある寿命石**

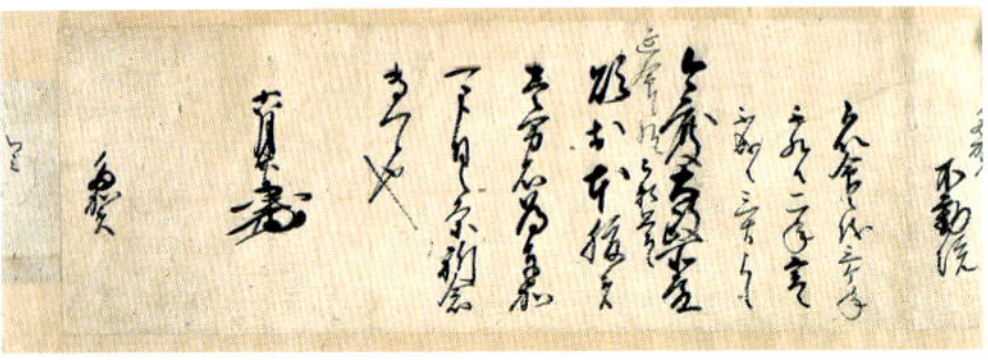
6-4 **豊臣秀吉祈願文**（滋賀県指定文化財）

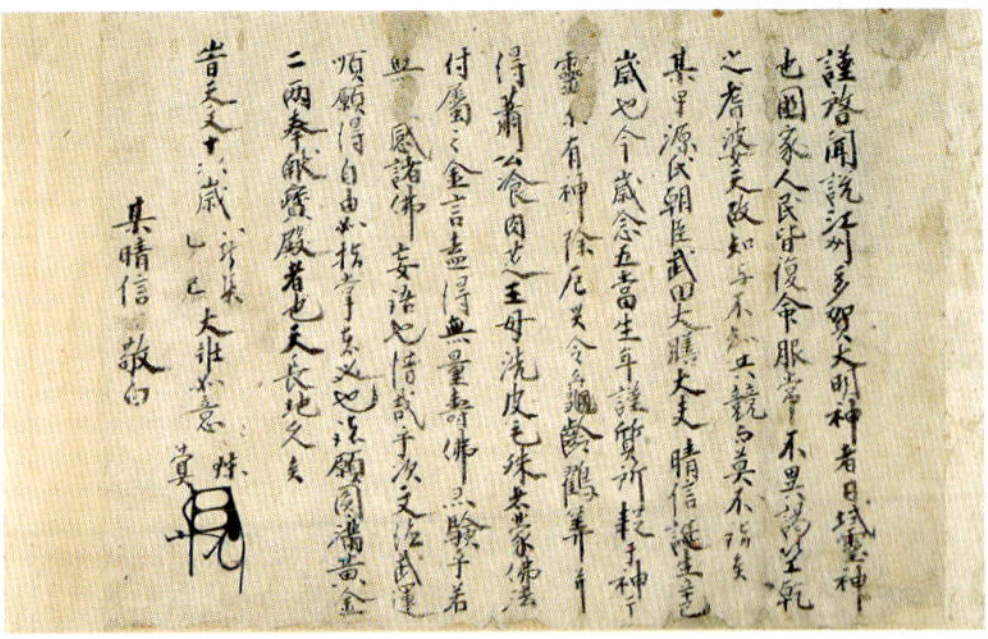
6-5 **武田信玄（晴信）祈願文**（滋賀県指定文化財）

6-6 **太閤橋**（多賀町指定文化財）

の再建を任された重源上人は、この時の年齢が61歳で、大仕事を最後までやり遂げるため多賀大社へ長寿を願い参拝したとされている。重源上人は7日間、祈り続けると、虫食いの跡が「莚」という字の形に見える1枚の柏の葉が飛んできた。これを見て草かんむりは十が二つ、延はのびると考え、「寿命が20年延びる」というお告げがあったとして喜んだとされている。その後、22年をかけて、東大寺の再興を成し遂げた。

境内には、重源上人が背負った箱（笈）を下ろしたとされる石が残っていて、「寿命石」と呼ばれている。

戦国武将の信仰

多賀大社にある古文書には有名な戦国武将の書かれた文書が残されている。武田信玄、上杉謙信、織田信長、浅井長政、豊臣秀吉、徳川家康等が祈願文（多賀大社へ願いごとを書いたもの）等を送っている。

豊臣秀吉は、母親の病気全快を多賀大社に祈願したところ、母親の体調が良くなったので米1万石を贈った。多賀大社は、これで蔵・奥書院の庭園・太鼓橋を造ったと伝えられる。「太閤橋」とも呼ばれ、現存の橋は寛永15年（1638）に再築されたものである。

徳川幕府・彦根藩の信仰

先に寛永の大造営のことを述べたが、これらの功績は多賀社別当不動院の僧・慈性の功績が大きい。慈性は日野大納言資勝の次男で、京都粟田口尊勝院の住職だったが、慶長12年（1607）徳川家康から不動院も兼帯するよう命ぜられた。

慈性は幕府に度々多賀社の造営を懇願、寛永11年（1634）から5年をかけ幕府の支援を得て大造営が行われた。これは彼が公家社会、幕府要人との親交が深かった事も一因といえる。また秀忠病気平癒祈祷には春日局が代参した。

更に彦根藩主の崇敬も厚く、拝殿前の燈籠は正徳2年（1711）井伊直該（直興）公の奉納である。

こうして「延命長寿」のお多賀さんの名は全国に広がり、江戸期には全国から多くの参詣者が訪れるようになった。

6-7 **多賀大社参詣曼荼羅図**（多賀町指定文化財）

6-9 **三十六歌仙絵屏風**（滋賀県指定文化財）

6-8 **調馬・厩馬図屏風**（重要文化財）

Ⅱ　多賀大社の宝物

度重なる火災、神仏分離令による社宝の散逸もあったが、貴重な宝物も多く残されている。

多賀大社参詣曼荼羅図

多賀大社には2幅所蔵されている。昔からの信仰や賑わいがわかりやすく描かれている。また、中世の様子も垣間見ることができる。

曼荼羅図は多賀信仰を広めるため、諸国を回る「坊人」が持参し、絵解きをしていたもので、折り目がついている。

調馬・厩馬図屏風

厩の場面と屋敷の前で馬を乗りならしている場面が2つ組になった屏風である。馬と人が活き活きと描かれている。

三十六歌仙絵屏風

和歌の名人として有名な36人の絵で、もともとは1人ずつ額になっていたものを屏風に張り合わせている。浅井長政の家臣、遠藤喜右衛門が戦勝を願って1569年に納めたもの

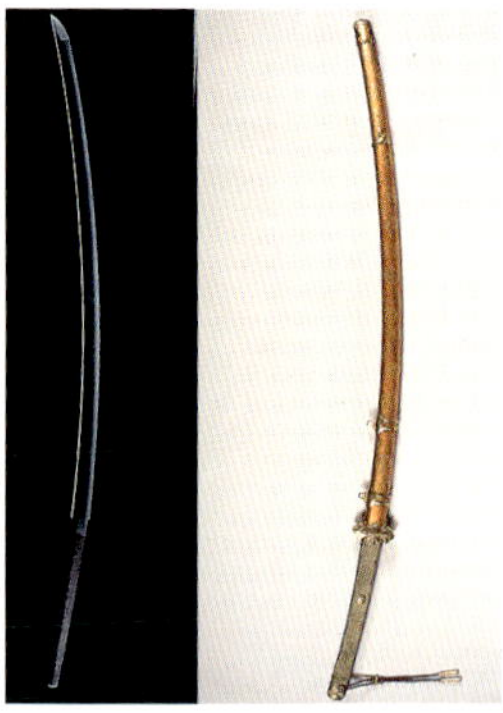

6-10 太刀 銘多賀大社御釼濃州大野郡清水住人寿命作金梨地葵巴紋蒔絵衛府太刀拵（滋賀県指定文化財）

6-11 能面 白色尉（多賀町指定文化財）

6-12 初詣で賑わう本殿の前

6-14 古例大祭でのお渡り

6-13 節分祭

6-15 御田植祭

である。

太刀

金梨地葵巴紋蒔絵衛府太刀拵

1635年に美濃国に住む寿命という名の刀工が作った太刀で、長さが1m以上もある。葵紋のついた拵に入れられて、徳川家から納められた。

能面 白色尉

能を演じるための面である。白ひげを植えつけた老人の面で役によって使い分けられるように、神、鬼、幽霊、男や女の面が60面以上ある。

Ⅲ 多賀大社の祭礼

1月1日 歳旦祭 大太鼓の音で1年がはじめる。多くの参拝者で賑わう。

1月3日 翁始式 境内にある能舞台で、翁の面を使う能を奉納する。

2月節分の日 節分祭 その歳に六十歳（還暦）になる男女が、赤い頭巾をかぶり、福豆・福餅をまく。

4月22日 古例大祭 鎌倉時代から続く祭り。神輿がねり歩き、昔の格好をした四百人がお供をする。

6月第1日曜日 御田植祭 菅笠をかぶり、昔の田植え姿の女性が舞を奉納し、田植えを行う。

8月3日から5日 万灯祭 黄泉の国の守り神となったイザナミノミコトに先祖を守ってもらうよう願って、御神灯を奉納する。夜の暗闇に1万をこえる灯籠に灯がともる。

9月9日 古例祭（古知古知相撲） 境内で三回、相撲をとり、その年の実りを占う。「古知古知」とは、古い出来事をしのぶという意味。

11月23日 新嘗祭 その年に収穫した初めての稲を奉納して、豊かな実りを感謝する。

この他にも、年間を通じて多くの神事が行われていて、多くの参拝者で賑わっている。

6-16 古知古知相撲

6-17 社頭全景

6-18 奥書院（滋賀県指定文化財）と奥書院庭園（国名勝指定）

6-19 能舞殿

6-20 多賀大社ならではの杓子絵馬

Ⅳ 庶民の信仰と参詣

先にも述べたが「多賀大社参詣曼荼羅図」には、多賀信仰が境内と門前町を中心に敏満寺や胡宮神社、大瀧神社等周辺の神仏とつながっていたこと、祭りや伝承などが表現されている。

これらの様子が、現在でも、広範囲に景観として残っている地域は、国内でも稀で、多賀は貴重な歴史的景観が形成されているところといえる。

6-21 多賀大社の門前町

なお「多賀大社参詣曼荼羅図」には、「坊人」の姿が描かれている。室町時代後期になると多賀大社には各地へ布教活動を行う「坊人」が組織され、全国的な信仰に広がったとされる。坊人は多賀大社の神札を全国各地に配布し、多賀信仰を広める社僧である。

江戸時代になると、信仰を目的とする旅には無条件で手形が発行されるようになった。その結果、多賀信仰は、諸国の支配者だけでなく、庶民へも広がりをもつこととなった。「延命長寿」を願う多くの人々は、多賀参りをするようになり、宿泊は宿坊を利用した。また商用の旅をする人々も途中で足を延ばして、多賀大社に参詣した。

今回の調査を見ても、滋賀県内の多賀へ通じる道（多賀道）には多賀を示す道標が多く遺されている。それは如何に参詣者が多かったかということでもある。

道標は講中、地区の有志などの寄進者によって、道に迷わぬよう安全を願って建てられたものだが、まさに庶民の信仰の深さのバロメーターであるともいえよう。

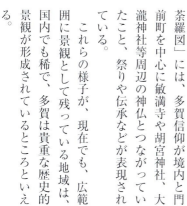

多賀を示す道標一覧（滋賀県内　常夜燈・丁石などを除く）

		所在地	道　標	備　考	本文写真
中山道		草津	みぎハたうかいとういせミ／ひだりは中せんたうをた加みち	立木神社	
		野洲・小篠原	右中山道／右中山道　た　北　／左八まんみ	蓮照寺（行畑）	2-3
		旧安土・桑実寺	是よりくわんおん寺江八丁多賀大社江四リ半	桑実寺	
		旧五個荘・新堂	右ゑち川た加　道／左むさ八まん　道	地蔵堂	5-38
		彦根・法士	是よりたかみち		
高宮道		高宮	是より多賀みち三十		
		多賀	左京道／右本社道		1-14
大堀道		大堀	是より多賀みち		
		多賀・土田	右　多賀大社道		1-20
原道		彦根・原	是より多賀ちかみち		1-26
		野田山	左金比羅大権現多賀道		
		野田山	左とりゐ本道／右多賀大社道		
		多賀・中川原	左とりい本ミち／右たか大社みち	月之木	
湖東道	八千代橋を渡って	旧秦荘・島川	右たがみち　左ひこ祢道		2-9
		島川	左　たがみち		2-10
		島川	東沖香之庄圣高野道至　南長塚元持至／西矢守市圣中仙道至　北北八木安孫子圣多賀至		
		北落	右多賀 左彦根　道	自然石	2-28
	御河辺橋を渡って	旧八日市・神田	右高野　左たが	地蔵型	2-1
		旧湖東・下岸	右たが　　左ゑち川	地蔵型	2-14
		横溝	がたぐす　　右たかの　　左おばた	地蔵型	
		横溝	右多ガ　左ヱチ川	地蔵型	
		長	右多賀　　左愛知川	地蔵型	
		平松	がたぐす　右百済寺　左ゑち川	地蔵型	2-16
		北菩提寺	すくた可　右た加の　左ゑち川	地蔵型	
		旧秦荘・蚊野	南飛行場高野／西愛知川八日市／北多賀彦根		
		蚊野	南高野八日市／西豊郷稲枝駅／北多賀高宮彦根／東金剛輪寺		2-18
		甲良・池寺	すぐ多賀神社道　薬師如来西明寺十五丁　并見真大師自作之像		2-29
	春日橋を渡って	旧八日市・寺	右多賀彦根　左八日市　道	自然石	2-21
		旧愛東・妹	右永源寺　左蚊野た加	地蔵型	
		池之尻	右多賀道　左地蔵院	地蔵型	
		北坂	右たが道	自然石	
		旧湖東・湯屋	右百済寺観音北坂本道　　左平柳松尾寺多賀道	地蔵型	
		旧秦荘・上蚊野	左はくさいし高の　右た可いけ寺	自然石	2-25
		松尾寺	直ク金剛輪寺二町半／右斧磨多賀　道		
		斧磨	左た加	自然石	2-27
		多賀・敏満寺	右古のみやへ二丁　　多賀道八丁	自然石	4-28
		敏満寺	胡宮み…たがみ…	地蔵堂裏　残欠	

御代参街道	旧土山・北土山	右北国たが街道　ひの八まんみち	東海道との起点	5-6
	西音瀬	右ハ山み／左多		5-8
	和草野	右青土平子音羽大師道／左鎌掛日野多賀		5-7
	水口資料館	右多賀道／左天神道		
	日野・鎌掛	右たが北国		5-12
	寺尻	右長徳寺百くわん音へ一丁ひのかち道／左たが北国道	地蔵堂	5-16
	大窪	左たが八まん／右いせみち外宮へ二十二里／左ちやうぜんあんいせこもの	大聖寺角	
	大窪	すぐ山王宮一丁左いせみち／右たが北国左山王宮 道	中井邸角	
	里口	たが	バス停	
	内池	左いせみち／右たが北国道	バス停	5-19
	中在寺	左八日市たか 道／右ひのいせ 道／左さくら中の郷 道		
	旧蒲生・岡本	右たがみち／左八まん道／右ハ八日市／左ハ八まん		5-23
	下麻生	右多賀八日市／ 左京道	下麻生公民館庭	
	畑田	右たが八日市　左むさ八まん	恵比寿神社	
	石塔	右大日永源寺大森　南無阿弥陀仏　左多賀八日市	石塔寺参道	
	川合畑田	右たが八日市　左太郎坊		
	本郷	右た加八日市すくむさ八まん 道／すくいせひの道		
	旧八日市・長谷野	右たか社八日市 道／左西京八まん 道		5-26
	蛇溝	右た加八日市　左むさ八まん 道		5-27
	今堀	右玉緒市原道／左八日市飛行場太郎坊多賀 道		
	中羽田	右いせひのみち／左たが八日市道	光明寺門前	
	東中野	右永源寺道／左た加ミち	中野神社	5-28
	栄	左たか道／右いせ道	笠屋地蔵	
	栄	右京むさ八まん　道／左いせひ乃みな口　道／右多賀ゑち川ひこね　道	親玉前	
	金屋三	右ごちによらい／左北国たか道／右いせみち	金念寺	5-29
	旧五個荘・奥	すくいせ八日市　道／すくたかゑち川　道	奥村神社	5-33
その他	横浜三渓園	右さくら谷いしわら　道／左多賀八日市　道	移設	5-24
	横浜三渓園	右多賀左彦根　道	移設	
	長浜・元浜	みき　た加ミち／御代参月参京西陣紺屋五兵衛	文政十四丁丑年三月	

作成　門脇正人

参考文献

『角川日本地名大辞典』25　滋賀県　角川書店　1979
『滋賀県の地名』　平凡社　1992
多賀大社社務所　『多賀信仰』　1986
渡辺弘人編　『滋賀県管内犬上郡誌』　圭章堂　1877
多賀町　『多賀町史』上・下巻　1991
多賀町　『多賀町史』別巻　1995
多賀町公民館　『脇ヶ畑史話』　1972
田畑喜與門　『佐目郷土史』　1974
藤原町　『藤原町史』　1992
上石津教育委員会　『ふるさと上石津』　1994
上石津教育委員会　『上石津むかしのくらし』　2000
上石津教育委員会　『新修 上石津町史』　2004
坂口慶治「鈴鹿山地北部の旧脇ヶ畑村における廃村化の機構とその集落的・地域的要因（上・下）」『京都教育大学紀要Ａ（人文・社会）』No.74・75　京都教育大学　1989
門脇正人「江戸期「御代参街道」を復元する」「続」「完」『紀要』第13～15号　滋賀県立安土城考古博物館　2005～2007
門脇正人「江戸期の「多賀道」を復元する」（一）～（五）『淡海文化財論叢』第一～五輯　2006・2007・2011・2012・2013
門脇正人「江戸期の「多賀道」を復元する　―百済寺～金剛輪寺～西明寺」『近江地方史研究』第四十号　2008
門脇正人「私の道標論」『愛荘町のみちしるべ』愛荘町立愛知川びんてまりの館　2015

■執筆者（多賀町史編纂を考える委員会）

門脇　正人	（かどわき　まさと）	愛荘町立歴史文化博物館顧問	2章・5章
近藤　英治	（こんどう　えいじ）	多賀町歴史文化基本構想策定委員会委員	3章
龍見茂登子	（たつみ　もとこ）	多賀町歴史文化基本構想策定委員会委員	4章
中川　信子	（なかがわ　のぶこ）	多賀町文化財保護審議会委員	1章
音田　直記	（おとだ　なおき）	多賀町立文化財センター	6章

構　成　：門脇正人
調査協力：中川　穣・渋谷　博
編集協力：サンライズ出版

多賀の本 1
多賀道と御代参街道―多賀信仰のひろがり―

2018年3月　発行

企画：多賀町立文化財センター
滋賀県犬上郡多賀町四手976-2
TEL 0749-48-0348 〒522-0314

編集：多賀町史編纂を考える委員会

発行：多賀町教育委員会
滋賀県犬上郡多賀町多賀240-3

発売：サンライズ出版
滋賀県彦根市鳥居本町655-1
TEL 0749-22-0627 〒522-0004

ISBN978-4-88325-656-3

シリーズ「多賀の本」刊行について

１９９１年に発刊した『多賀町史』は上下巻と別巻にまとめられていますが、すでに刊行より25年以上を経過しています。そこで新たな町史編纂を検討するため、「多賀町史編纂を考える委員会」を平成26年から設置し、協議してきました。

委員会ではただ昔を記録するのでなく、地域の現状や課題を把握しなければならないと考えています。そしてこれからの地域のあり方を提言するには何ができるのか、何をしなければいけないか、ということについても積極的に取り組むこととしました。

そこで、先ずは地域にとって重要な視点を簡潔にまとめ、紹介することにより、今後のまちづくりに活かすため、この度シリーズ「多賀の本」を刊行することにしました。地域の歴史文化や自然についてテーマを設定し、なるべくわかりやすく、「地域のことがわかる本」となるよう努めたいと思います。

なお多賀町教育委員会では、平成29年度に「多賀町歴史文化基本構想」を策定しました。本シリーズは、この構想とも連動し、今後も継続したいと考えています。

多賀町立文化財センター